国立公園鉄道の探索

―記憶に残る景勝区間―

山形誠司

栄光出版社

―ゆっくり行く者は遠くへ行く―

フランスの諺から

はじめに

この本は、鉄道車窓とその先に控える風景を探る小さな試みである。便宜的に「鉄道車窓行」と称することにする。

元来鉄道は車窓風景をみせるために造られたわけではない。従って「車窓行」などという行動は、物好きがすることであり、子供っぽくもあり、あまり自慢できるものではないと思っていた。しかし、最近は様々な展望列車が登場してその人気はうなぎ登りである。また各地のトロッコ列車も変わらず盛況である。鉄道車窓行が市民権を得てきたかのようでもある。

鉄道車窓行のエッセンスは風景の発見にある。見慣れた景色の中にも新しいものが見えることもある。景勝地帯に入るといっそう新鮮な発見が待ち受けている。その中でも、わが国の代表的自然風景地として選ばれた「国立公園」の指定区域の中を走る鉄道がある。

「鉄道」と「国立公園」、いずれも国家の近代化の流れの中で登場するのだが本来は相反する存在のはずである。「鉄道」は開発推進のアクセルとしての、「国立公園」は自然改変にブレーキをかける役割が課せられている。「開発」と「保全」をそれぞれのキーワードとした場合はお互い敵同士ということになるかもしれない。ところがわが国では国立公園指定区域の中にも鉄道が通っている区間が結構ある。それも、登山鉄道や開発のために使われた鉄道が観光鉄道として再活用されている路線だけではなく、在来線が国立公園指定区域の中を通り抜けている区間が結構存在している。二律背反というような感じもするが、一面わが国の国情を反映している、ともいえる。

鉄道は近代史そのもの、という見方をする人もいる。国立公園もまた近代に真逆の理念を委ねられて誕生した。車窓風景がそのアンビバレントな関係を如実に映し出す場合もある。まずは、国立公園指定区域に入る区間の特に印象的な車窓を眺めてみたい。また国立公園指定区域には入らないが、一キロメートルくらいまで接近して国立公園風景が望まれる区間がある。そこは何等かの事情があって指定区域を外されただけなのでその区間の中で上質な車窓風景も加えてみたい。車窓絶景区間は一瞬で通りすぎてしまう場合が多い。また国立公園区域をトンネルで通過してしまうその真上に景勝の地がある場合もある。そこに気になる景色がある場合は、列車を降りて「風景の寄り道」をしてみることにした。

国立公園を走る鉄道には、北海道の釧網本線や中部山岳の黒部峡谷鉄道のように、著名な景勝路線もある。一方で、あまり知られていない秀逸な景色と出会える路線もある。古風な集落の背後に幽陰たる峰が迫る東京近郊、青梅線の白丸駅周辺はその一例である。

世界で最も激しい変動帯に置かれたわが国は、鉄道という日常生活を繋ぐ移動媒体でさえ多彩な風景と接している。一方それは、いつかは沿線の人々や鉄道自体にとって破局的な事態もやってくるということでもある。普段、私たちが眺める絶景は、地球規模の変動と再生の過程で見せる一瞬の輝きである。その姿は永遠のものではないからいっそう美しく見えるのかもしれない。それは車窓からも感じ取ることができるのである。

この「鉄道車窓行」から、美しさと危うさが同居するわが国の国立公園を走る鉄道車窓風景を僅かでも記憶に残して頂ければ幸いである。

目次

国立公園鉄道の探索

―記憶に残る景勝区間―

国立公園鉄道の探索全域路線図

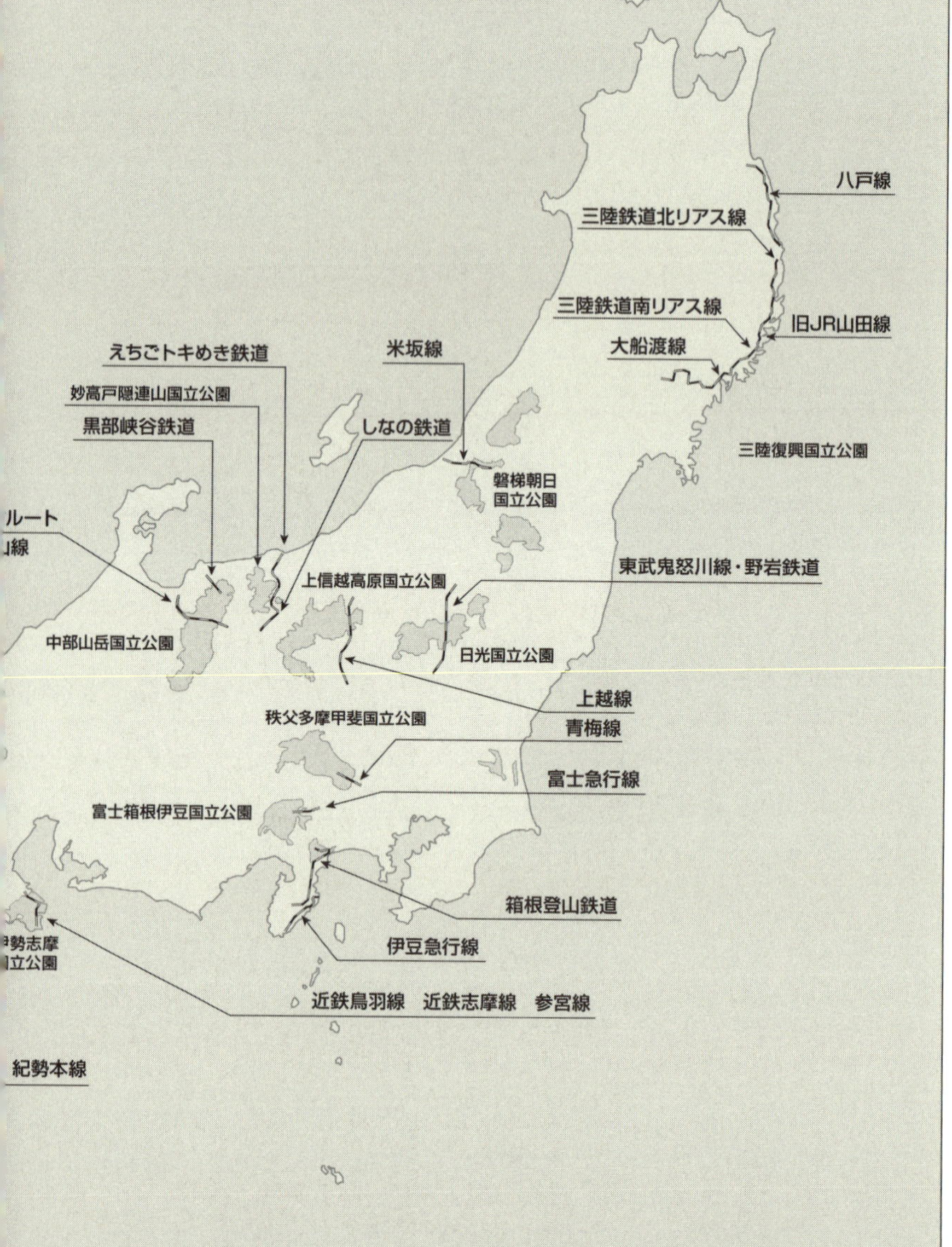

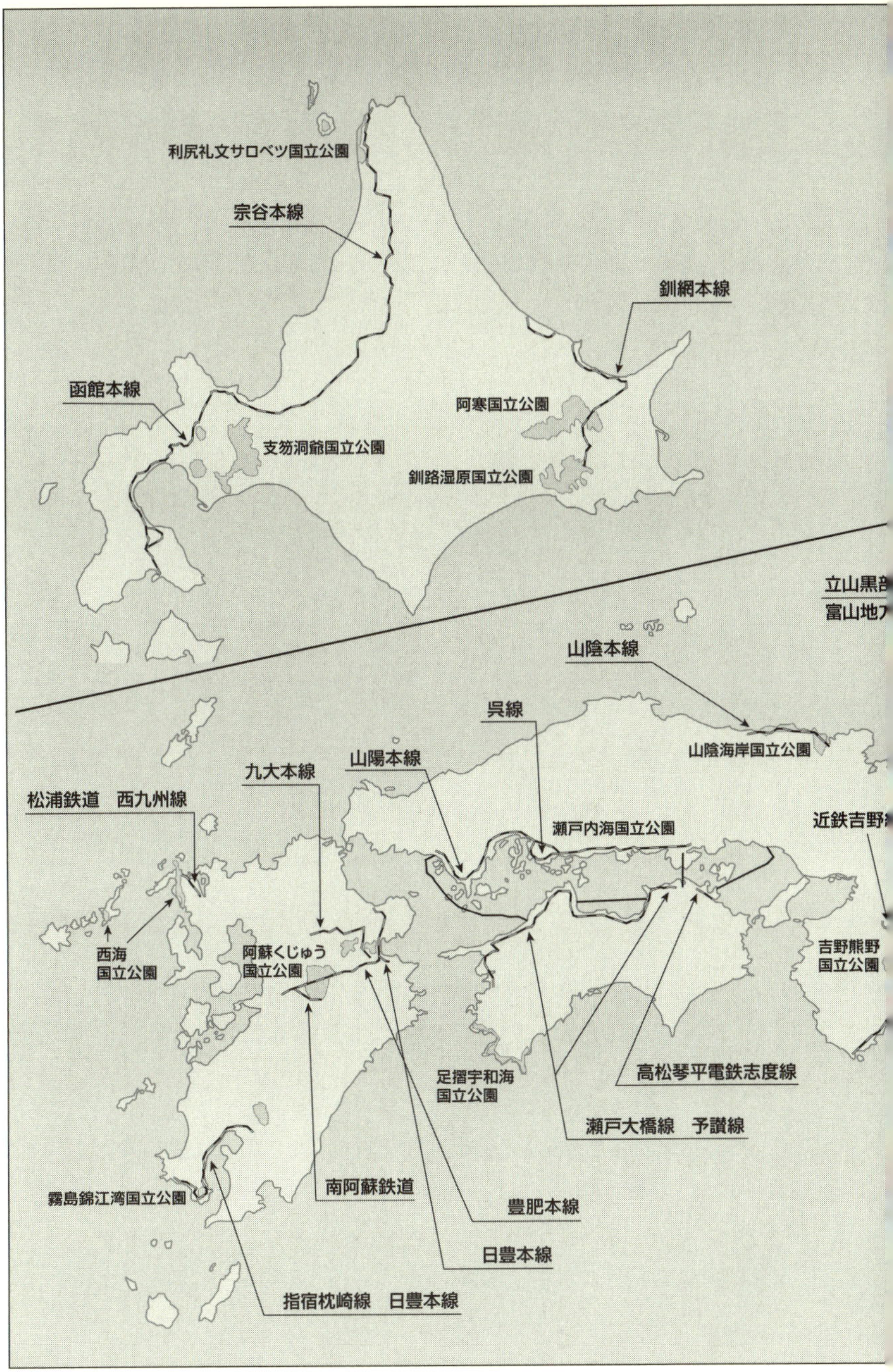

利尻礼文サロベツ国立公園
宗谷本線
釧網本線
函館本線
阿寒国立公園
支笏洞爺国立公園
釧路湿原国立公園
立山黒部
富山地方
山陰本線
呉線
山陰海岸国立公園
山陽本線
九大本線
松浦鉄道　西九州線
瀬戸内海国立公園
近鉄吉野
西海
国立公園
阿蘇くじゅう
国立公園
吉野熊野
国立公園
足摺宇和海
国立公園
高松琴平電鉄志度線
瀬戸大橋線　予讃線
霧島錦江湾国立公園
南阿蘇鉄道
豊肥本線
日豊本線
指宿枕崎線　日豊本線

第1章　北海道地方

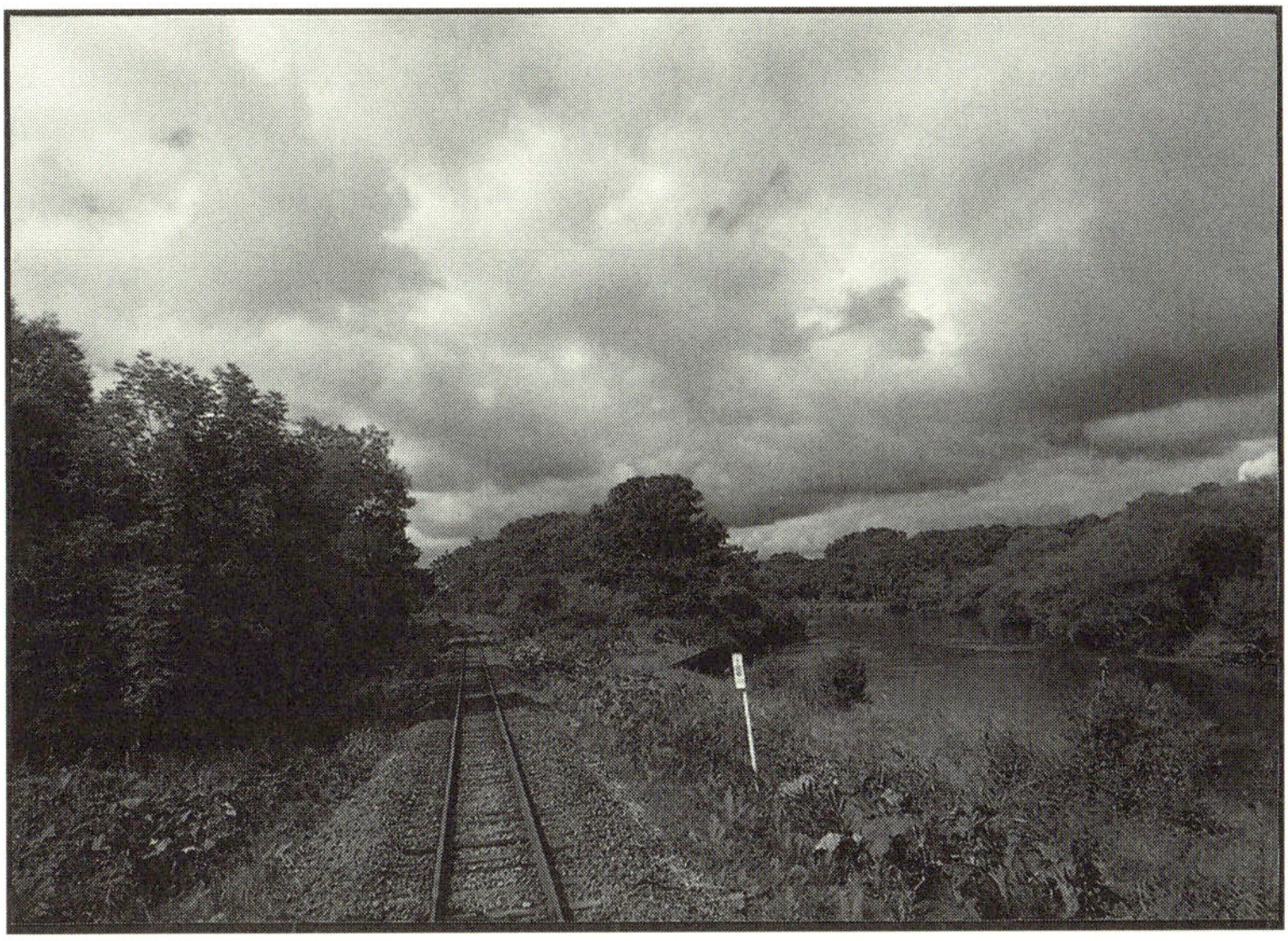

釧網本線　　細岡～塘路間

第1章 釧網本線　遠矢～五十石間
釧路湿原国立公園
面積　28,788ha
指定日　1987年7月31日

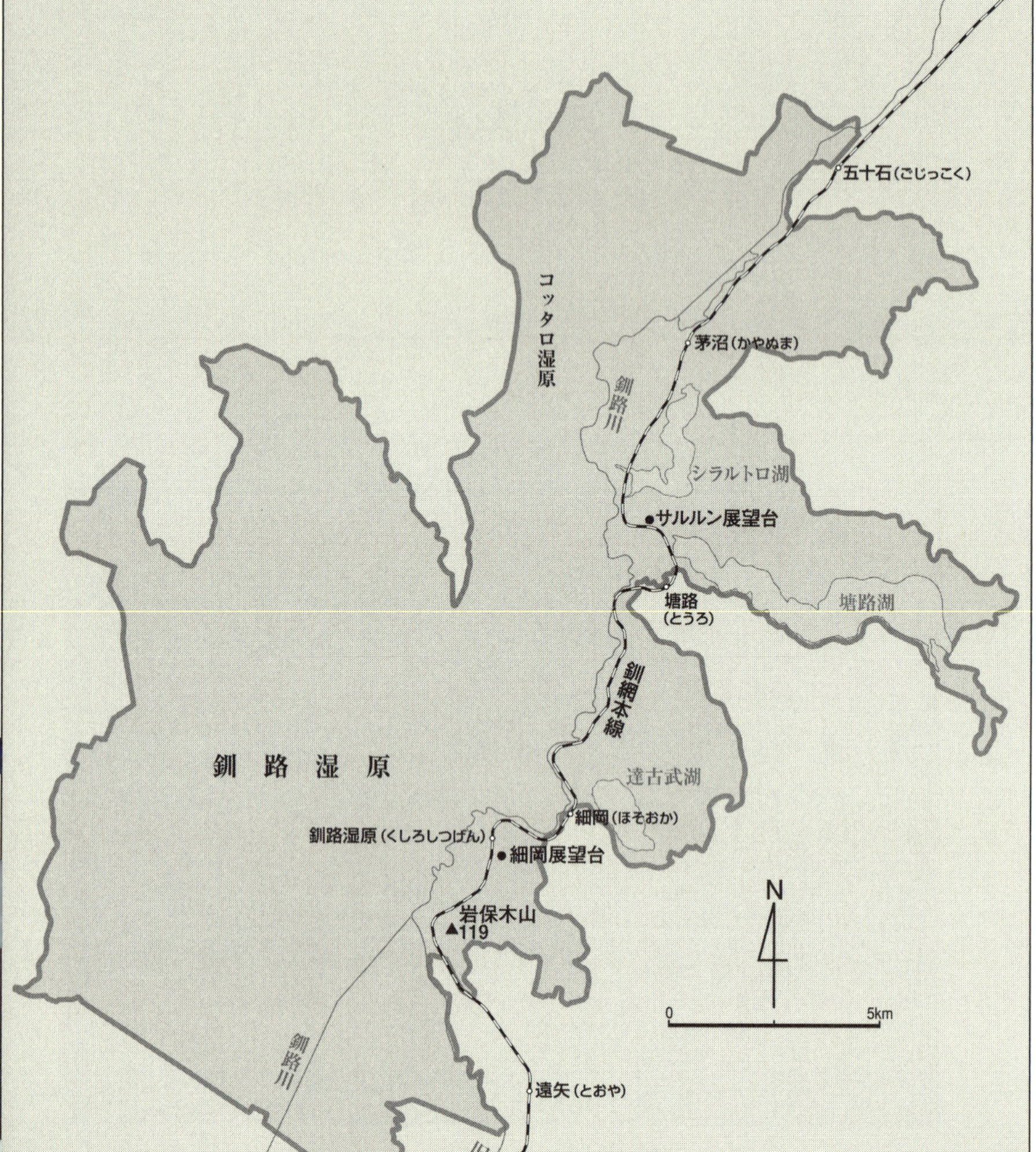

環境省提供

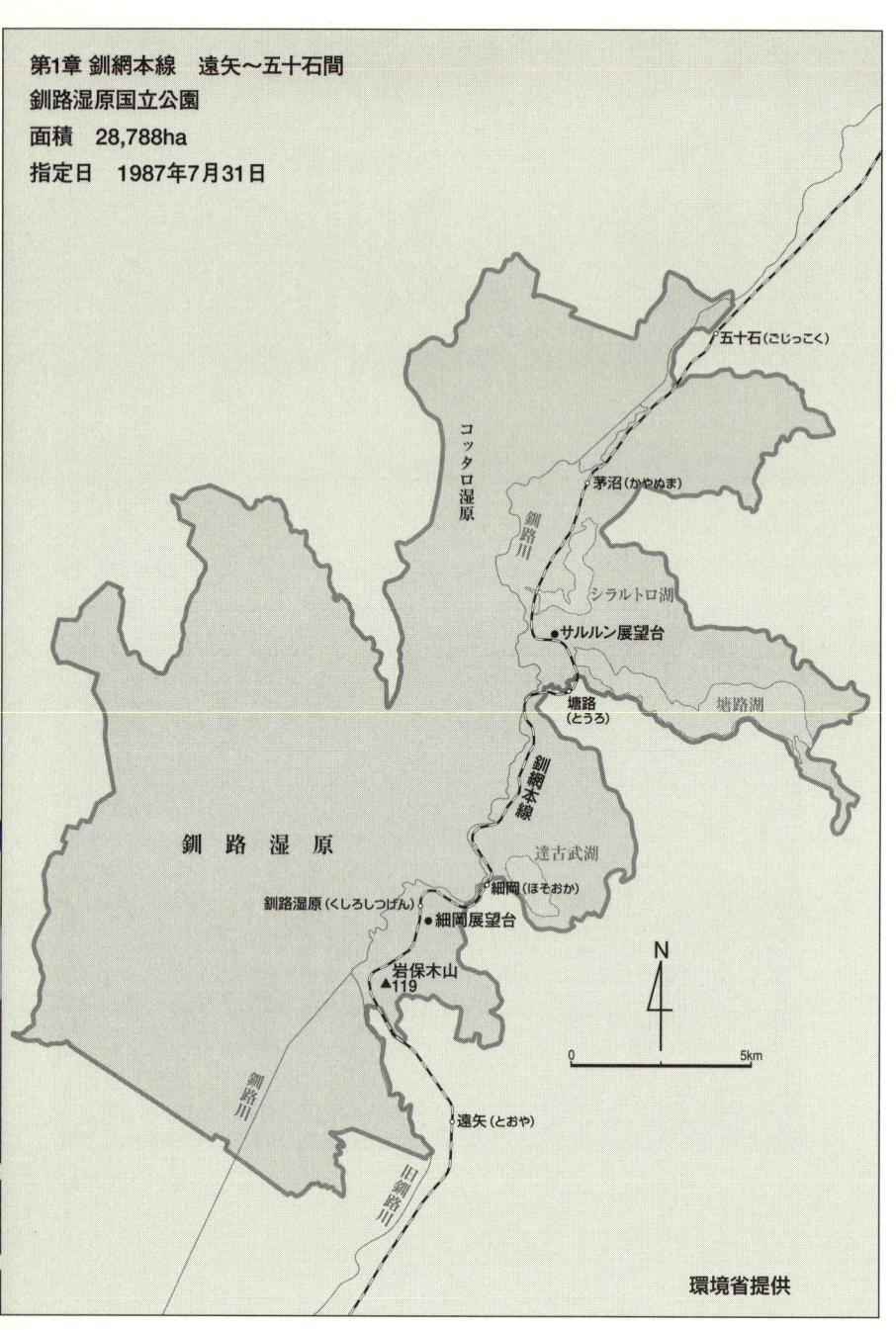

第1章 釧網本線　摩周〜緑間

阿寒国立公園

面積　90,481ha

指定日　1934年12月4日

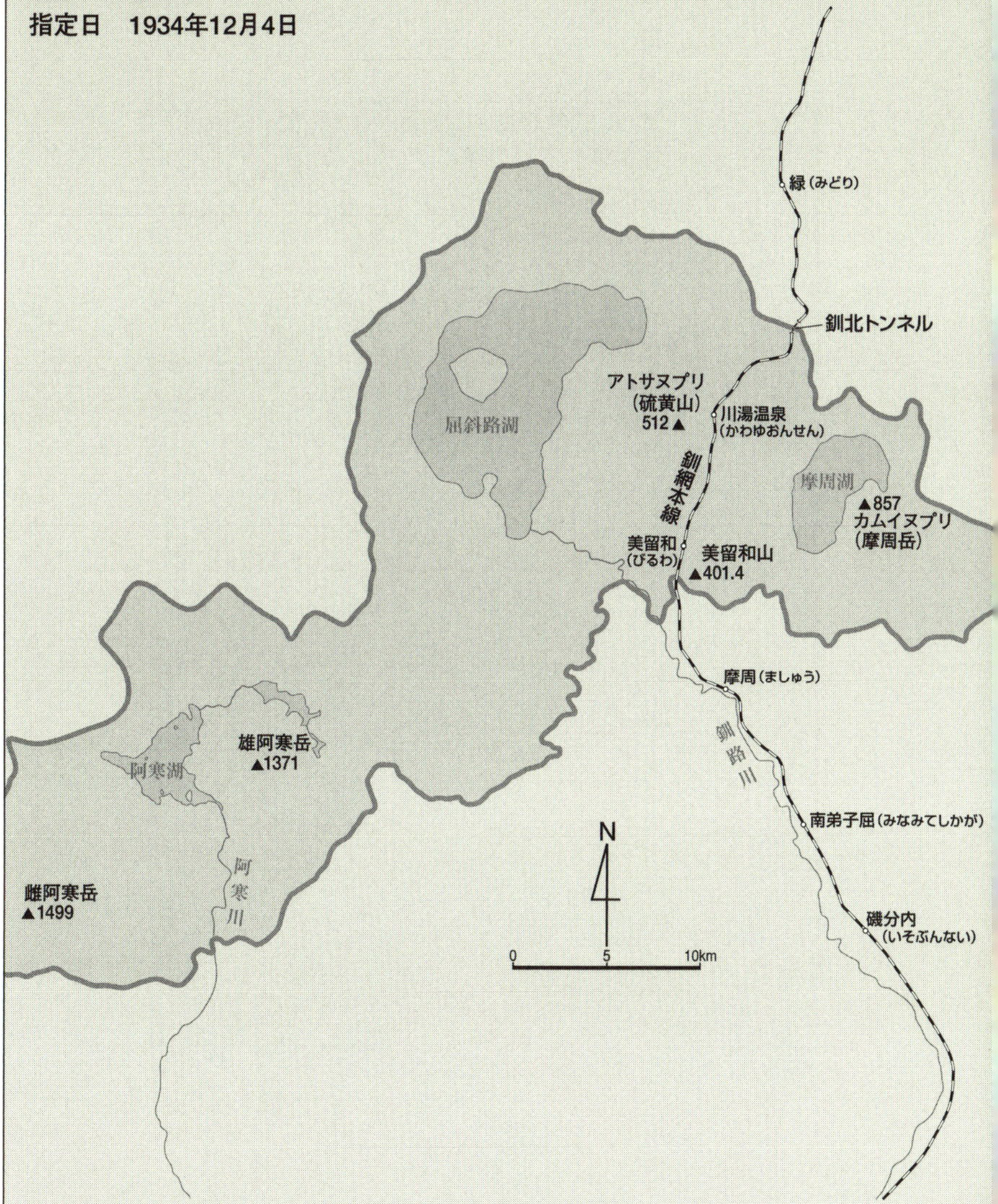

環境省提供

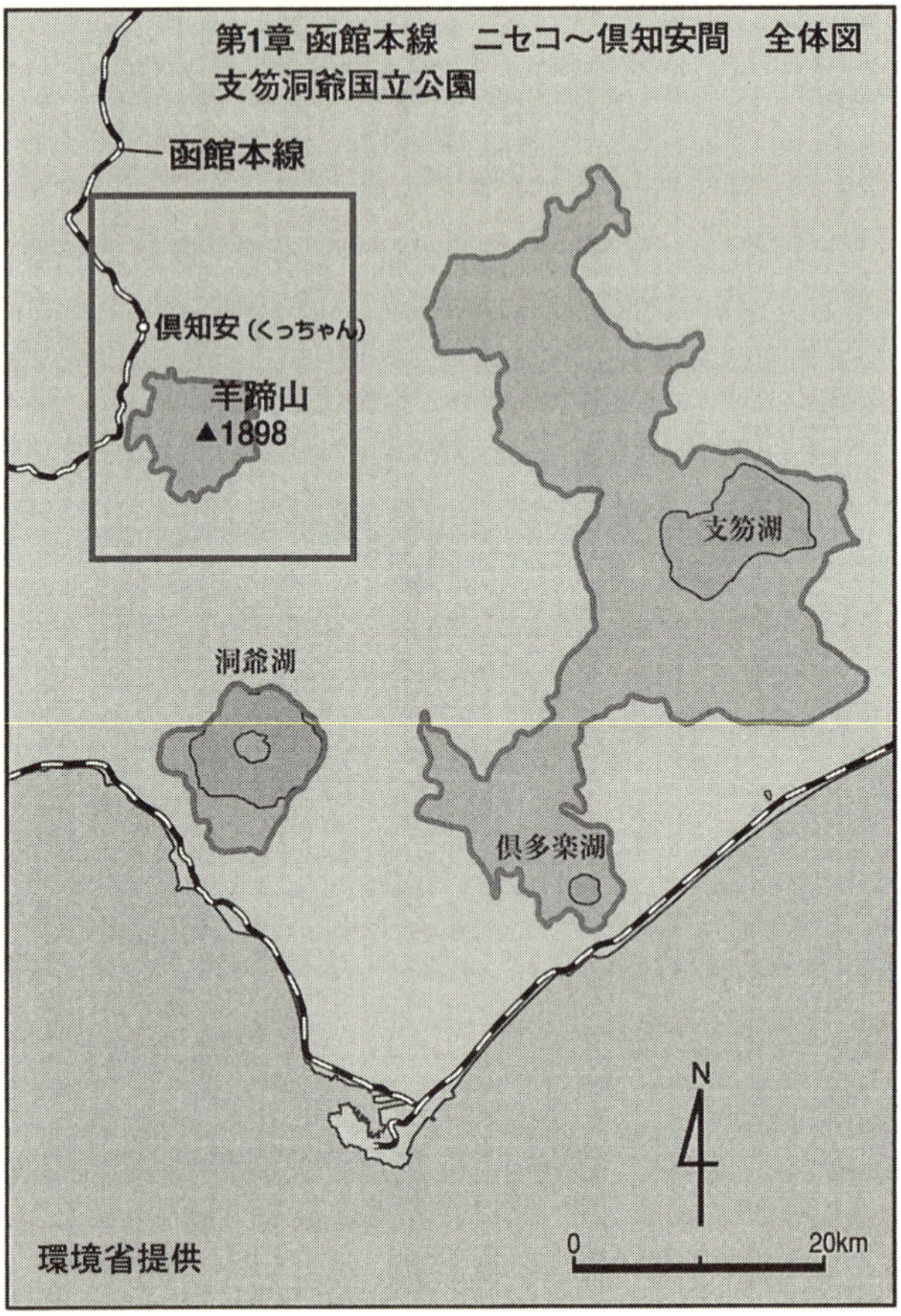
第1章 函館本線　ニセコ～倶知安間　全体図
支笏洞爺国立公園
函館本線
倶知安（くっちゃん）
羊蹄山
▲1898
支笏湖
洞爺湖
倶多楽湖
N
0
20km
環境省提供

第1章 函館本線　ニセコ～倶知安間
支笏洞爺国立公園
面積　99,473ha
指定日　1949年5月16日

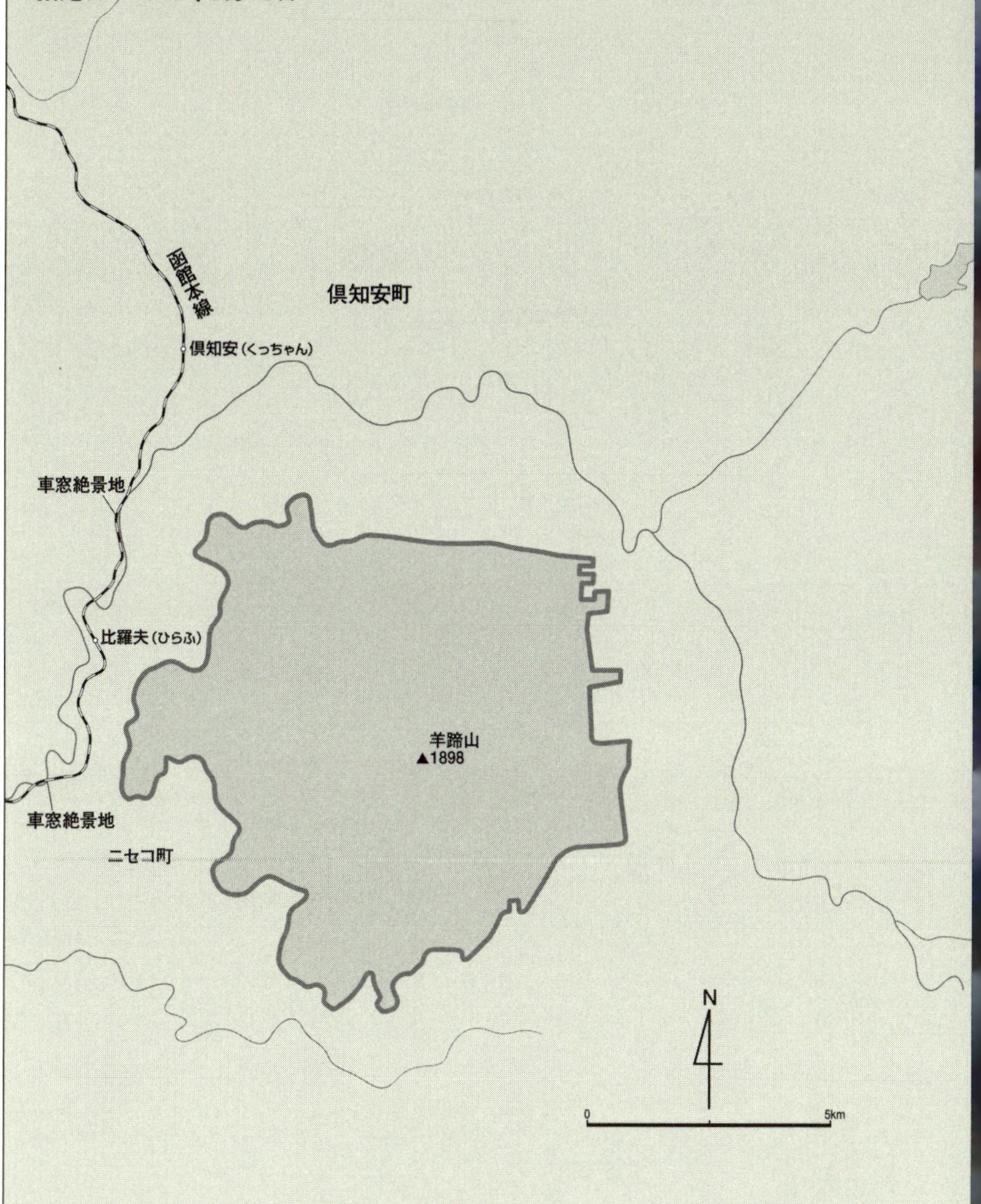

環境省提供

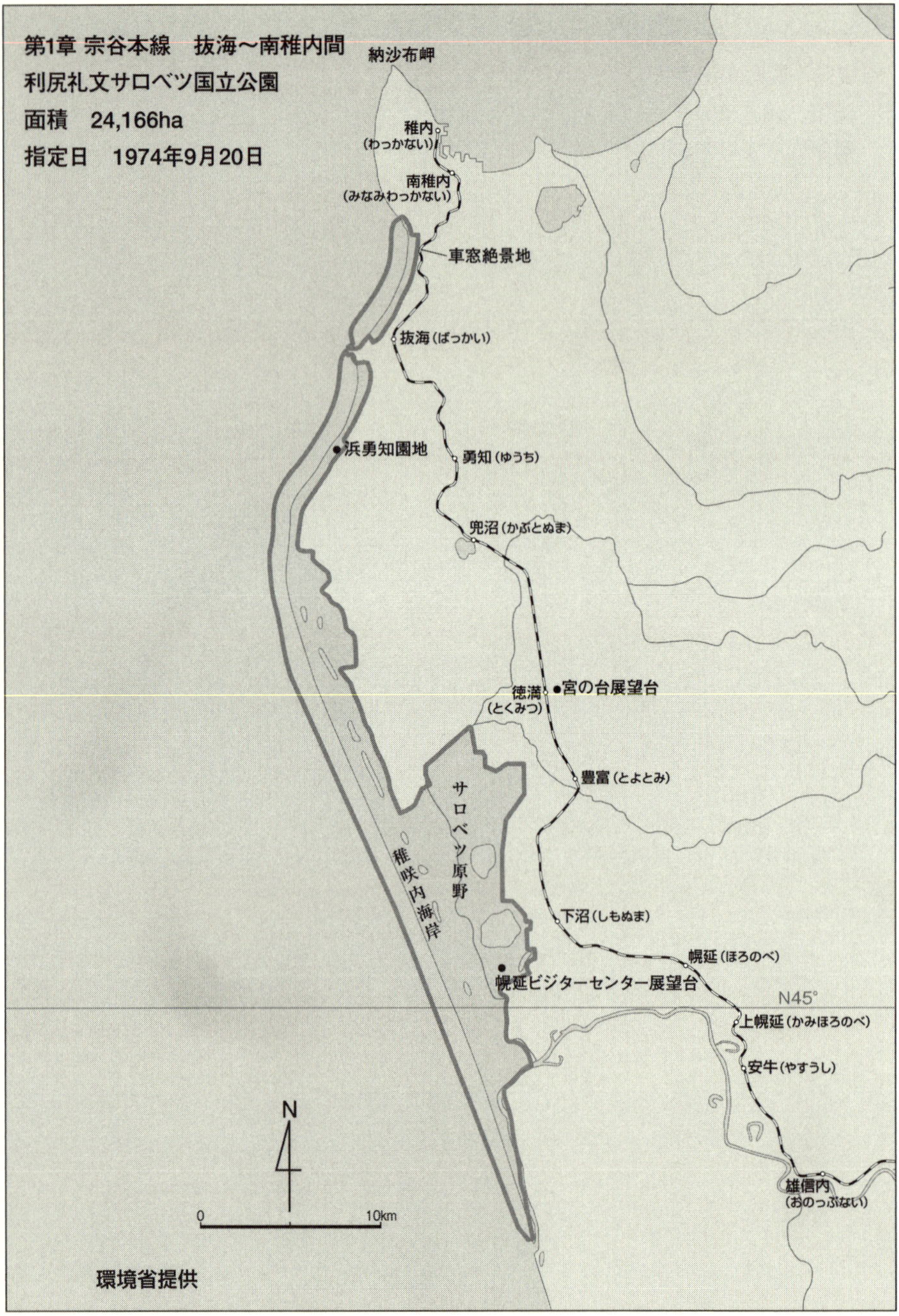
第1章 宗谷本線　抜海～南稚内間
利尻礼文サロベツ国立公園
面積　24,166ha
指定日　1974年9月20日
納沙布岬
稚内
(わっかない)
南稚内
(みなみわっかない)
車窓絶景地
抜海(ばっかい)
浜勇知園地
勇知(ゆうち)
兜沼(かぶとぬま)
徳満
(とくみつ)
宮の台展望台
豊富(とよとみ)
サロベツ原野
稚咲内海岸
下沼(しもぬま)
幌延(ほろのべ)
幌延ビジターセンター展望台
N45°
上幌延(かみほろのべ)
安牛(やすうし)
雄信内
(おのっぷない)
N
0
10km
環境省提供

北海道で国立公園内を走る鉄道は釧網本線だけである。日本を代表する国立公園鉄道ともいうべき釧網本線は次の二区間で国立公園指定区域内に入る。

釧網本線　遠矢〜五十石間　釧路湿原国立公園
　　　　　摩周〜緑間　阿寒国立公園

その他国立公園指定区域に一キロ以内まで迫り、国立公園鉄道風景と呼ぶに相応しい風景が現れる路線が次の二区間である。

函館本線　ニセコ〜倶知安間　支笏洞爺国立公園
宗谷本線　抜海〜南稚内間　利尻礼文サロベツ国立公園

北海道は、明治時代以降急速に開発が進み、車窓風景も農地や牧草地や人工林など何らかの人為が加わった景色が多い。近代、開発の先兵としての役割を果たした鉄道の沿線に原生林が残存している機会に乏しいことは当然の成り行きかもしれない。一方、現在は近代化に多大な貢献をした在来線の性格が変わりつつある。輸送手段としての役割が薄れ、乗ること自体を目的とする利用客に支えられている路線もある。このような時代になるとますます残された希少な車窓風景の価値が見直されていくことになるだろう。

釧網本線

平地の過去の記憶と巡り合える、遠矢～五十石間　釧路湿原国立公園

東釧路で根室本線と分かれた釧網本線は旧釧路川沿いにほぼ直線に進み、遠矢駅が近づくと方向をほぼ真北に転じて遠矢駅に達する。運動公園など市街地の施設がある遠矢を発ち網走へ向けて走り始めると前方に岩保木山《いわぼっき》が見え、国立公園指定区域へ接近する。この山も釧路湿原の展望地となっている。車窓から見るその姿はどっしりして湿原の鎮めといった雰囲気がある。鉄路は地盤の良い山裾を巡る。岩保木山の裾が岬のように湿原に飛び出

している部分を巡るあたりから国立公園入りする。進むにつれ車窓には広漠とした湿原が広がり始める。列車はいつしか「原生自然地帯」の雰囲気に包まれていく。

釧網本線が通る釧路湿原東部には、塘路湖や達古武湖のようにかつて（約六〇〇〇年位前にピークに達した縄文時代中期の海進期）の海の入江であった所が湖として残っている。それら元入江の出口で釧網本線は湿原の海を渡って行く。こうして期せずして様々な車窓と接することになる。釧路湿原駅からは有名な「細岡展望台」へ通じる小径があり、下車する人も多い。次の細岡にかけては釧路川に沿って走る。細岡〜塘路間、細岡駅の北側で海跡湖である達古武湖を眺めることができる。達古武湖の入江の出口を渡り、岬を回り東へ方向を転ずると自然状態の河川・釧路川に大接近する。その後北上して、四つのかつての小さな入江の出口を越えると塘路の町へ向けて東へ進路をとる。北側の対岸にサルルン展望台がある岡を見渡せる。塘路〜茅沼間でシラルトロ沼の西を限るやや高くなった縁を通り抜ける。ここでは湿原全体が望まれる。丘、湿地、川、沼、車窓に広がる風景は圧倒されるというよりどこか懐かしさを感じる。釧路湿原を走る釧網本線の車窓風景の特色は、平地で原生自然に近い風景が味わえることである。そのような風景は遥か昔には日本のあちこちの平地でみられた風景に近いものと思われる。

釧網本線は釧路湿原に迫る小高い山沿いを走る区間も多い。車窓からは山を覆う森の奥行きが思った以上に深いと感じられる。それらの森林は釧路川のような大河川とは別に緩やかに湿原を周囲から涵養する水源林の役目を担っている。車窓からはシカやキタキツネを見掛けることもある。線路そのものがシカの移動路ともなっているように見える。シラルトロ沼沿いの小半島を飛び石を渡るように茅沼へ向かって北上する区間では遥かコッタロ湿原の方面まで望まれ、季節によって多彩な色合いに変化する湿原の直中を走る。茅沼駅ではタンチョウを見掛けることがある。その後陸化した湿原を走り、五十石駅の二キロ程手前で国立公園区域から離れる。

釧路湿原国立公園が指定されたのは一九八七年七月。一九八七年といえば、国鉄が分割民営化され、JR各社が発足した年でもある。社会経済情勢としてはバブルが兆し、各地で急速に開発が進み、環境保全が急務となった時代の最中であった。国立公園に指定される以前、二万一千ヘクタールあったとされる湿原面積は開発で一時は約一万八千ヘクタールまで減少した。現在の湿原面積は約一万九千ヘクタールとされている。

釧路湿原は平底型の窪地の中にある。この地形は、約二万年前にピークを迎えた最終氷期の海面が低下した時代に、大地が刻まれて誕生した。やがて温暖期に移行して、六〇〇〇年程前には海面上昇により現在の湿原となっている窪地の中の低地帯は海の入江となった。その後、新たに小寒冷期が訪れ海は退き、また川の堆積作用も加わり釧路湿原が現在のような姿になったのは今から三〇〇〇年程前とされている。

湿原にはキタサンショウウオのように氷河時代の生き残りとされる生物が生息する一方、地中には暖流系の貝の化石層もみられるという。入江最奥部まで海水で満たされた時代は北海道太平洋岸も黒潮の影響下にあったと推測されている。車窓から、濃緑が繁茂する時期には最温暖期の面影を、白銀が大地を支配する季節には氷河期の幻影を探してみるのも面白い。

静寂の森から活動中の火山地帯を体感できる、摩周～緑間　阿寒国立公園

釧網本線にもう一か所国立公園通過区間がある。摩周～緑間（美留和山の麓から釧北トンネルにかけての区間）の阿寒国立公園区域を通り抜ける区間である。阿寒国立公園は一九三四（昭和九）年、釧網本線が全通した三年後に指定された。

一九三四（昭和九）年は、わが国で初めて八箇所の国立公園が二段階に分けて指定され

た年である。阿寒では、阿寒湖畔での森林伐採や火山地帯から硫黄の産出が行われていた。開発規制が盛り込まれた国立公園指定には産業界や地元住民からの反発もあったはずだが、結局初年の指定区域に名を連ねることになった。その背景には、行き過ぎた開発による原生景観の喪失、洪水多発を憂慮した地元有志の意向も反映されたものと思われる。

釧網本線、阿寒国立公園通過区間は日本最大規模ともいわれる屈斜路カルデラの東部にあたっている。屈斜路湖と摩周湖の間に広がる静穏な森に刻まれた鉄路は、激しい変動によって形勢された地形の直中を走っていることを忘れさせるほど閑寂な情緒に包まれている。

摩周～美留和間では北東方向に摩周カルデラの火口丘であるカムイヌプリの先端が望まれる地点があり、火山地帯を通過していることに気付かされる。それをより強く実感させられるのが、硫黄山（アサトヌプリ）の近くを通る時である。川湯温泉駅からほぼ全容を見ることができる。ただ車窓風景としては、川湯温泉から釧北トンネルに向かう斜面から、一番後ろの窓辺に陣取り、後方線路延長線上に眺めた時の印象が鮮烈である。頂の溶岩柱など歪な稜線に縁取られ林間に屹立するその姿は妖気すら漂い、一見静かな風景地帯がリアルタイムで変動中であることを示している。

風景の寄り道1　細岡展望台　釧網本線　釧路湿原国立公園

釧路湿原では日本各地で失われた沖積平野の原初の姿と出会うことができる。釧網本線は湿原区間では概ね低い所を走るが、山裾から湿原を遠望できる場所もある。ただ釧路湿原は、より高所から眺めてまた一段と風景の価値が高まる。そのためいくつもの展望台が作られている。釧網本線の駅から間近なところにも有名な展望台がある。というよりも、そこに向かうために開設されたといって良い駅がある。それが釧路湿原駅である。ここは是非とも途中下車して、展望台を訪ねてみたい。

細岡と遠矢の間に釧路湿原駅が開設されたのは一九八八（昭和六三）年七月、釧路湿原が国立公園に指定された翌年にあたる。ログハウス風の駅舎がある。駅に通じる車道はない、周囲に人家もみられない、湿原と丘陵の境目に造られた駅である。季節が夏ならあたりは密林の様相を呈して自然の力に圧倒されそうである。

森の中の小径を一〇分程登れば展望台へ達する。途中に「細岡ビジターラウンジ」という施設があり、ベランダから湿原を眺めることもできる。ただこの位置では樹木が繁茂する時期は見通しは悪くなる。

細岡ビジターラウンジの裏手の森を登ると展望広場に出て、西側一面に湿原を見渡せる。さらに道を進むと細岡展望台に達する。この二か所の展望地からの釧路湿原の眺望は季節を問わず素晴らしい。湿原が明るいベージュに染まる秋や白銀の冬もよい。木々の躍動が漲る六月から九月は多彩で、複雑な要素が入り混ざって湿原が構成されているのが分かる。黒ずんだハンノキの群落が島のように点在して、南側では湿原を森林に変えてしまうほどの勢いで辺り一面を覆っている。ヨシの原は緑の水流のように湿原の底を満たしている。ヨシは遠い平原の縁では白く輝き、入江を漂う霧のようにも見える。湿原を取り囲む台地の先端は岬と呼ばれる。細岡展望台からはキラコタン岬と宮島岬が重なりあって見え、その遠景には雌阿寒岳や雄阿寒岳を始めとする阿寒の山並みが大胆な起伏で地平を限っている。湿原を潤す水源は一大火山脈にある。

蛇行する釧路川も眼下に望まれる。川面も時節や時刻により刻一刻と色合いが変わる。湿原に夕闇が迫る頃、暮れ垂《なん》なんとする夕日が艶やかな霞光《かこう》を水面に投げ掛けることがある。淡く抹茶色に染められた低地の中に、オレンジ色の帯が輝きわたる。彼方からカタコトと列車が走る音が聞こえてくる。生い茂る草木、堤防のない川、はろばろとした湿原、そうした原生自然帯が醸し出す悠久の営みの中、今日も定刻の時が鉄路に流れている。

函館本線

秀麗な羊蹄山に接近する、ニセコ〜倶知安間　支笏洞爺国立公園

北海道最古の路線も含まれる函館本線は優れた景勝路線としても知られている。中でも、いわゆる「山線」と呼ばれる長万部〜小樽間には、かなりの自然風景が瞬間的に現れる箇所がある。その景勝区間は、支笏洞爺国立公園指定区域に一キロ付近まで接近する。

函館本線は函館から旭川まで全長四二三・一キロを走る北海道の幹線である。もっとも周知の通り長万部〜札幌間は室蘭本線（海線）と千歳線を経由した方が線形の関係（急カーブや急勾配が少ない）でスピードが出せ、時間が短縮されるため、幹線の役割はそちらに譲っている。但し、この線は幹線機能が発揮される可能性があるとして残された経緯もあ

る。室蘭本線沿いには有珠山、樽前山と活発な火山活動を繰り返す山があり、いつ何時運転休止に追い込まれるか分からないからだ。もっとも函館〜長万部間にもこれまた有史以来度々大規模な火山活動を繰り返してきた駒ヶ岳がある。この火山が大爆発したら道南の鉄道輸送は全く機能しなくなってしまう恐れもある。

函館本線を走る特急「スーパー北斗」の先頭車両に乗っていた時、最前列に座っていた人から「想像力がかきたてられますね」と話しかけられた事があった。確かに道南の火山地帯を走り抜ける函館本線の車窓風景は何かを語りかけている、ふとそんな気分にさせられる瞬間がある。

函館本線沿線にはアイヌと和人の抗争の歴史も秘められている。一六六九年「シャクシャインの戦い」と呼ばれるアイヌと和人の大規模な抗争が起きた。長万部の手前、国縫付近では、アイヌ軍と松前藩の軍勢との間での戦闘があった。一連の紛争の要因の一つに火山活動により植生が破壊され、食糧危機が起き、それが松前藩の圧政に対する抗議行動の一因となったと唱えた地理学者の見解がある。近世は、しばしば大規模災害に見舞われてきた時代でもあった。一方、歴史家はシャクシャインの戦いは、日高や胆振の砂金採掘の場から連鎖的に発生したことも指摘している。このような情報は想像力を逞しくさせる。火山噴火により生活環境を破壊された人々が砂金採掘現場などの労働者とならざるを得なくなり、そこでの待遇や買取条件の改善を求めたことが戦いの序幕となったのではないかと。

前置きが長くなってしまったが、それでは多彩な風景地帯を走る「山線」区間の、まずは長万部～黒松内間の景色から眺めていきたい。長万部を発つと早くも北海道らしい森と清流の中を走る。二股を過ぎると、緩やかながら山越えとなり、やがて長万部川の流れから離れる。蕨岱《わらびたい》を越え黒松内に向かうあたり、特段絶景区間ではないが、興味をそそられる場所がある。中央分水界を通り抜ける区間があるのだ。太平洋側へ向かう流れと日本海側へ向かう流れの境目は、ここ北海道道南地方で太平洋側まで僅か二〇〇メートルまで迫る区域がある。丁度室蘭本線が海岸沿いに走る区間で、礼文～静狩間の付近の急峻な山が噴火湾へ迫るあたりである。そこは室蘭本線きっての車窓の見せ場ともいわれる。その中央分水界を当然函館本線も越える。そこが蕨岱駅の北側、函館起点一一二七・五キロ付近である。

函館本線・長万部～小樽間の車窓風景の楽しみの一つが三つの峠越えである。函館本線は太平洋の縁海・内浦湾岸の長万部から、日本海岸の余市まで長万部川流域、朱太《しゅぶと》川流域、尻別《しりべつ》川流域、堀株《ほりかっぷ》川流域、余市川流域を通過していく。峠を越える度に車窓に展開する景色が変わっていく。このうち峠越え区間は、朱太川流域と尻別川流域の境目（熱郛《ねっぷ》〜目名間・第二白井川トンネルの前後）、尻別川流域と堀株川流域の境目（倶知安〜小沢間・倶知安トンネルの前後）、堀株川流域と余市川流域の境目（小沢〜銀山間・稲穂トンネルの前後）である。ところでこの三つの峠はみな中央分水界には該当しない。いずれの流域も日本海側に属する。中央分水界は長万部川流域と朱太川流域の間（蕨岱〜黒松内間）のあまりそれらしくない小さな谷の中を通っている。蕨岱駅の東側にこんもりとした丘陵がある。その尾根を通る中央分水界が、函館本線の線路が敷かれた浅い谷間を横切り長万部岳に向かう。函館本線が中央分水界を通過する地点は海抜一〇〇メートルを下回っている。ちなみに朱太川流域・黒松内一帯は豪雪地帯であり、歌才地区は自生するブナの北限の地として知られている。

黒松内低地を縫うように巡り、熱郛駅を過ぎると峠越えに入る。六月から八月の霧のシーズン、この峠のある山稜まで海霧が寄せ、トンネルを抜けると霧が晴れ別世界となることもある。第二白井川トンネルを潜ると尻別川流域に入る。晴れた日には、目名駅に向かう坂の途中、函館起点一五一キロ付近から羊蹄山（一八九八メートル）が望まれる。火山活動により地勢に複雑な凹凸が付けられ、躍動感溢れる車窓を満喫できるのが、この尻別川流域なのである。蘭越からはニセコアンヌプリを主峰とするニセコ火山群も輝かしく見渡せる。チセヌプリはアイヌ語で民家を意味するチセの形をした山ということでその名が付けられたようだ。富士山型の成層火山で、遠望した時羊蹄山と見間違うこともある。

多彩な尻別川沿いを走る区間の中でも、ニセコ〜比羅夫〜倶知安間には、北海道の中でも開発されるのが早かったこの地域に於いてかなり純度の高い自然風景が残されている。さらに、その中で、麗艶《れいえん》な国立公園車窓風景が望めるのは、尻別川が羊蹄山麓とニセコ山麓の合間を刻むあたりである。その絶景地点はニセコと比羅夫トンネル間にある。この区間、函館本線は尻別川に沿うように走り、途中有島付近で蛇行する川をショートカットする形で二回鉄橋で越える。このうちニセコ側鉄橋から望む羊蹄山の姿は鮮烈である。季節が初夏なら、陽光に赫《かがよ》う緑条の背後に突然残雪の筋を抱いて聳えたつ峰巒《ほうらん》が現れ、ハッとさせられる。遠い昔に喪失したエラマスイ・カムイミンタラ（麗しい神園）が蘇ったかのような印象を受ける。

駅舎が簡易宿舎となっている比羅夫駅を過ぎて大曲トンネルを抜けると、湾曲する尻別川を挟んで、樹海の蒼い靄から抜きんでた羊蹄山を眺めることができる。倶知安駅の前後では広大な畑の背後に羊蹄山が見える。こちらは、開かれた沃野の背後に聳えている。前者の光景とは対照的な風景である。

宗谷本線

極北の気配を漂わせた利尻山の展望地点がある、抜海〜南稚内間
利尻礼文サロベツ国立公園

宗谷本線はディープノースへ向かって走る。北海道も大部分は北半球の中では南側に位置している。幌延駅の南側で北緯45度線を跨ぐ宗谷本線（旭川〜稚内　二五九・四キロ）は本邦で唯一北半球の北部へ突入する鉄路である。緯度が深まるにつれ、ユーラシア大陸北東岸に到達したかのような印象を覚える景色も現れる。その宗谷本線には知られた車窓景勝地がある。抜海〜南稚内の間で、西側車窓に利尻山が望まれる地点である。「利尻礼文サロベツ国立公園」指定区域からは僅かに外れているが、ほとんど国立公園指定地区とみなして差支えない車窓絶景ポイントである。

天塩中川から幌延まで天塩川沿いに走った宗谷本線は、やがてサロベツ湿原と接して走り、風景は一変する。天候が良ければ平原の彼方に利尻岳を望むことも出来る。遥か海岸部には立ち並ぶ風力発電用の風車群も見える。但し釧網本線と違って湿原内部に入るわけではないので、サロベツ湿原の国立公園級風景と接することは難しい。それでも兜沼の近くを走ったり、原野に踏み込んだりする区間もあり車窓風景は単調にはならない。

さて、宗谷本線きっての見せ場は、列車が抜海〜南稚内間の海岸の丘を通過する地点でほとんど瞬間的に現れる。この地点で鉄路は蛇行して二度海に近付く。北側の海への接近地点で、海上に懸崖を束ねて屹立する利尻岳を見渡せる。ややもすればこの山だけに目を奪われがちである。だが、緩やかに前景を整えている遼遥《りょうよう》たる丘の連なりも、風景を引き締める重要な要素となっている。鉄路が温和な風土から遠く離れた世界を走り抜けている雰囲気を車窓に漲らせている。宗谷本線の絶景区間、それは極北の気配を漂わせたサロベツ原野の一端から、世界一美しい火山島・利尻を垣間見ることができる地点なのである。

風景の寄り道２　サロベツ原野　利尻礼文サロベツ国立公園

抜海〜南稚内の宗谷本線の絶景区間を鑑賞できる時間はあまりに短い。やはりその先に続いている風景を眺めたくなる。そうなると少し時間はかかるが余裕があれば、稚内まで行きレンタカーを使い、サロベツ原野を訪ねてみたい。あの車窓の向こう側にこれほど壮大な景色が控えていたのかと驚かされる、日本離れした景勝地である。

サロベツの日本海岸を走る道道106号線は好い道だ。車の通行量は少なく存分に風景と向き合える。とにかく広い。そこに展開するのは他に何処にもない、サロベツだけの風景である。水平線と地平線、交わらない二つの永遠が南へ続く。

同じ国立公園に指定された湿原でも釧路湿原とは印象が異なる。釧路湿原は南側には釧路の市街地があり、遠くの雌阿寒岳などの火山脈も見渡せ、多彩な風景要素が組み合わさっている。一方サロベツ湿原は海沿いに広がり、都市どころか、人家もほとんど見当たらない。一見見事なほど平坦なサロベツ原野も、海岸近くには砂丘列や豊徳台地という緩い起伏があり、景色にめりはりをつけている。さらに風景に刺激を与えているのが海峡を隔てて聳え立つ利尻山の勇姿である。伐海港の南には、浜勇地園地と名付けられた絶好の展望地点がある。ここでは海岸の散策もできる。東側からは低い丘が近付いたり、離れたりしながら、これまた風景を味わい深くしている。その丘は宗谷本線の車窓絶景地点へ連なっている。

湿原の東側を区切るなだらかな丘は草地が多い。そこは氷河期、寒冷化した気象条件下で、流土（水を含んだ地表の土が、幾度も凍ったり溶けたりしながら長い時間をかけて斜面を流れ下る現象）により形成されたものといわれる。氷河期が終わってからは樹林帯となったが、近代に入り山火事やニシン漁の肥料造りの燃料として木材が切り出された影響で、まだ森林が完全復活していない。鉄道が拓かれた時代は森林喪失に拍車がかかった時代でもあった。

サロベツ原野は、そこを車で走り抜けたり、散策路を歩いたりするだけでも心に迫るものを感じる。さらに展望台に登ればなお視野が広まる。特に湿原西部を限る徳満の丘陵上に設置された「宮の台展望台」と湿原南部、幌延ビジターセンター近くの「幌延展望台」からは、それぞれ異なった角度からサロベツ原野ならではの風景を眺めることができる。「宮の台展望台」の案内書の一節には「（ここからの眺望は）一生忘れられない光景になることでしょう」というフレーズが記されている。その通りだと思う。快晴の日、ここから展望する幸運に恵まれた人は、国粋主義者ならずとも、この大風景を持った国を賞賛しないわけにはいかなくなるだろう。

コラム　国立公園鉄道の視点

悲の歴史を背負う北海道の鉄道

現在の北海道は、美しい風景や美味しい食材に恵まれた土地というイメージが定着している。ある種の天国を求めて、海外を含めてたくさんの来訪者がやってくる。しかし、近代という時期の「北海道行き」は底辺の人々にとっては「地獄行き」となることもあった。北海道の鉄道、それは近代日本の縮図でもあった。北海道の鉄道は重苦しい悲の歴史を背負っている。人権が全く無視された、タコ部屋人夫の奴隷労働によりたくさんの犠牲者を出しながら建設が進められたのである。特に石北本線の凄惨な過去については、小池喜孝氏の現地踏査と著作により恐るべき実態が広く知られるようになった。

石北本線・北見〜遠軽間、留辺蘂《るべしべ》の北方にある金華駅を過ぎると、並行する道もなく人家が全く見当たらない深い森を進む。水系的には北見地方の常呂川流域と遠軽、湧別地域の湧別川流域の境界にあたる峠下に、常呂郡と紋別郡の境目にあたることから命名された常紋トンネルがある。あたりの山は標高五〇〇メートル程度で全国水準からいえば低山だが、一大樹林帯を形成している。潤いあふれる原生林のようにも見える。だがここは鉄道輸送の難所にあたっていた。石北本線の前身となる湧別軽便線の建設時に始まったトンネル工事は、強制労働や虐殺による百数十人の犠牲者を伴って三年の工期を費やし一九一四（大正三）年に完成した。このおりは人柱も立てられたようで、それは改修工事の際立ったままの人骨が発見されたことで裏付けられた。生きて帰ることすら困難なタコ部屋労働はあまりに過酷であり、人柱の希望者を募ると手を挙げる人も現れたという。逃亡を企て連れ戻された労働者に対するリンチも凄惨を極め、血まみれの幽霊が出ると言い伝えられている。トンネル近くには犠牲者の慰霊碑も立てられている。

ところで奴隷労働を強いた親方たちは冷酷な殺し屋集団であったのだろうか。必ずしもそうとはいいきれないようだ。貧しい底辺のものがそこまで成り上がり、より立場の弱いものを収奪しなければ生きられない社会構造ができていたのである。その頂点にたったものは誰だったのか。それは明治国家の官僚であり産業資本家ということになるのだろう。それではこの石北本線の全通を企画した人は単なる利益追及至上主義者であったのだろうか。決してそうではない。そこには高い理念があった。石北本線全線開通に寄与した人物として「大雪山国立公園」の発案者でもあった太田龍太郎（官僚職歴任の後愛別村長として赴任）を忘れてはならない。命懸けで北見・石狩国境地帯を探索した後、保全する地域と開発すべき場所を分離して国家振興を模索した。開発理念は石北本線全通に結び付き、保全思想は日本では類まれな原始の風情を色濃く残す「大雪山国立公園」として実現する。辺境に誕生した国立公園でも、開発や戦争により徹底的な人為作用を被り、その後再生の途上にある小笠原や、入植や殖産事業が失敗して放置された形で原始的な環境が残された西表とは異なる存在である。現在私たちは保全された自然遺産の恩恵に浴している。日本の近代、それは高邁な理想が過酷な現実を前提に具現化が急がされた時代である。近代日本が未開の自然帯を開発地とみなした時無法地帯が形成された。その閉ざされた奥部で起きた惨劇に、目を背けることはできない。高邁な理念に対する反動は戦後殊に強まった。物質的な豊かさの追求こそが最大多数の国民に幸福をもたらすと考えられるようになった。その背景には理想の犠牲にされたと意識する民衆が抱く怨嗟の魂があるのかもしれない。

第2章　東北地方

三陸鉄道北リアス線　　堀内～白井海岸間

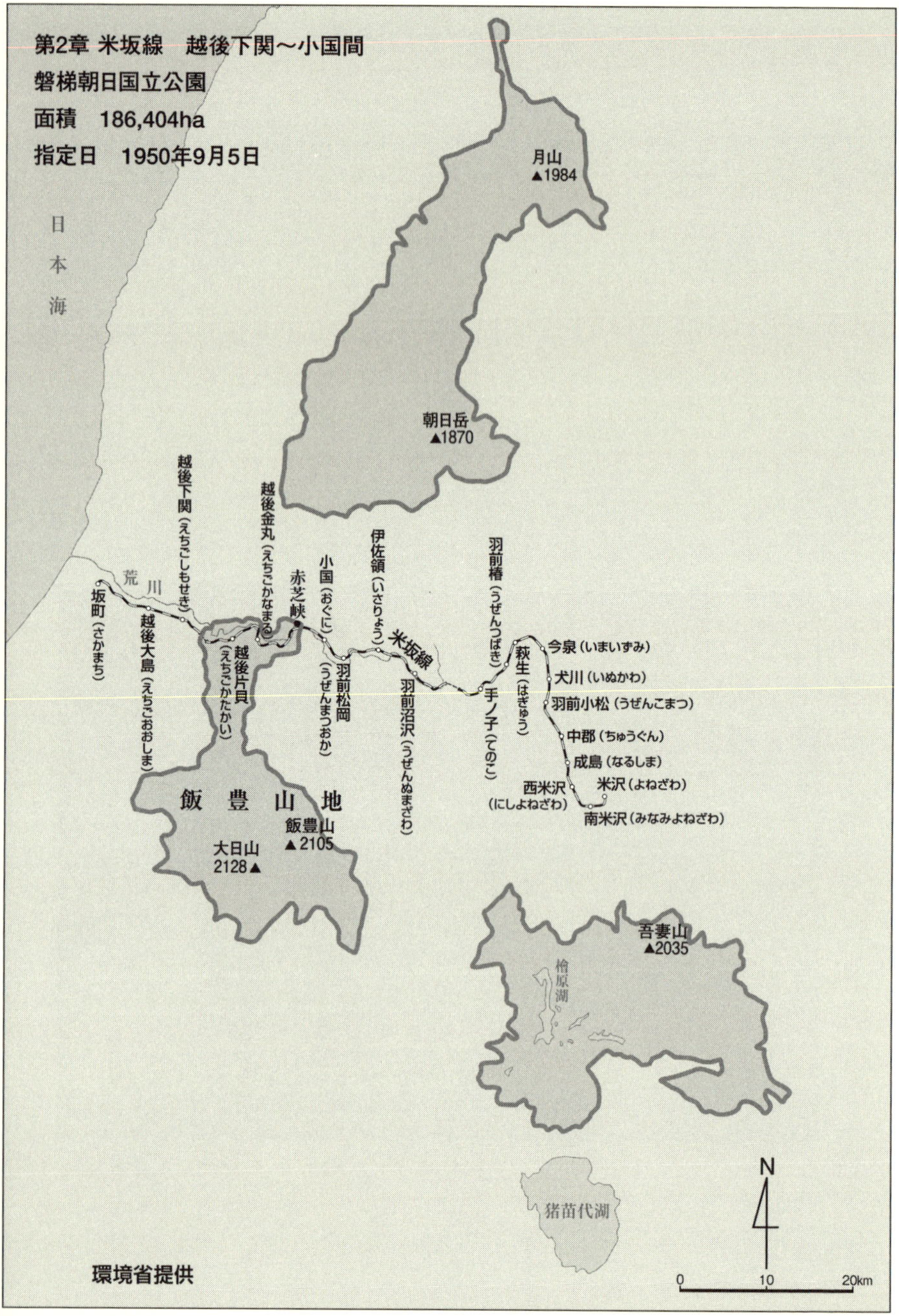
第2章 米坂線　越後下関〜小国間
磐梯朝日国立公園
面積　186,404ha
指定日　1950年9月5日
日本海
月山
▲1984
朝日岳
▲1870
荒川
坂町（さかまち）
越後大島（えちごおおしま）
越後下関（えちごしもせき）
越後片貝（えちごかたかい）
越後金丸（えちごかなまる）
赤芝峡
小国（おぐに）
羽前松岡（うぜんまつおか）
伊佐領（いさりょう）
米坂線
羽前沼沢（うぜんぬまざわ）
手ノ子（てのこ）
羽前椿（うぜんつばき）
萩生（はぎゅう）
今泉（いまいずみ）
犬川（いぬかわ）
羽前小松（うぜんこまつ）
中郡（ちゅうぐん）
成島（なるしま）
米沢（よねざわ）
西米沢（にしよねざわ）
南米沢（みなみよねざわ）
飯豊山地
飯豊山
▲2105
大日山
2128▲
吾妻山
▲2035
桧原湖
猪苗代湖
N
環境省提供
0
10
20km

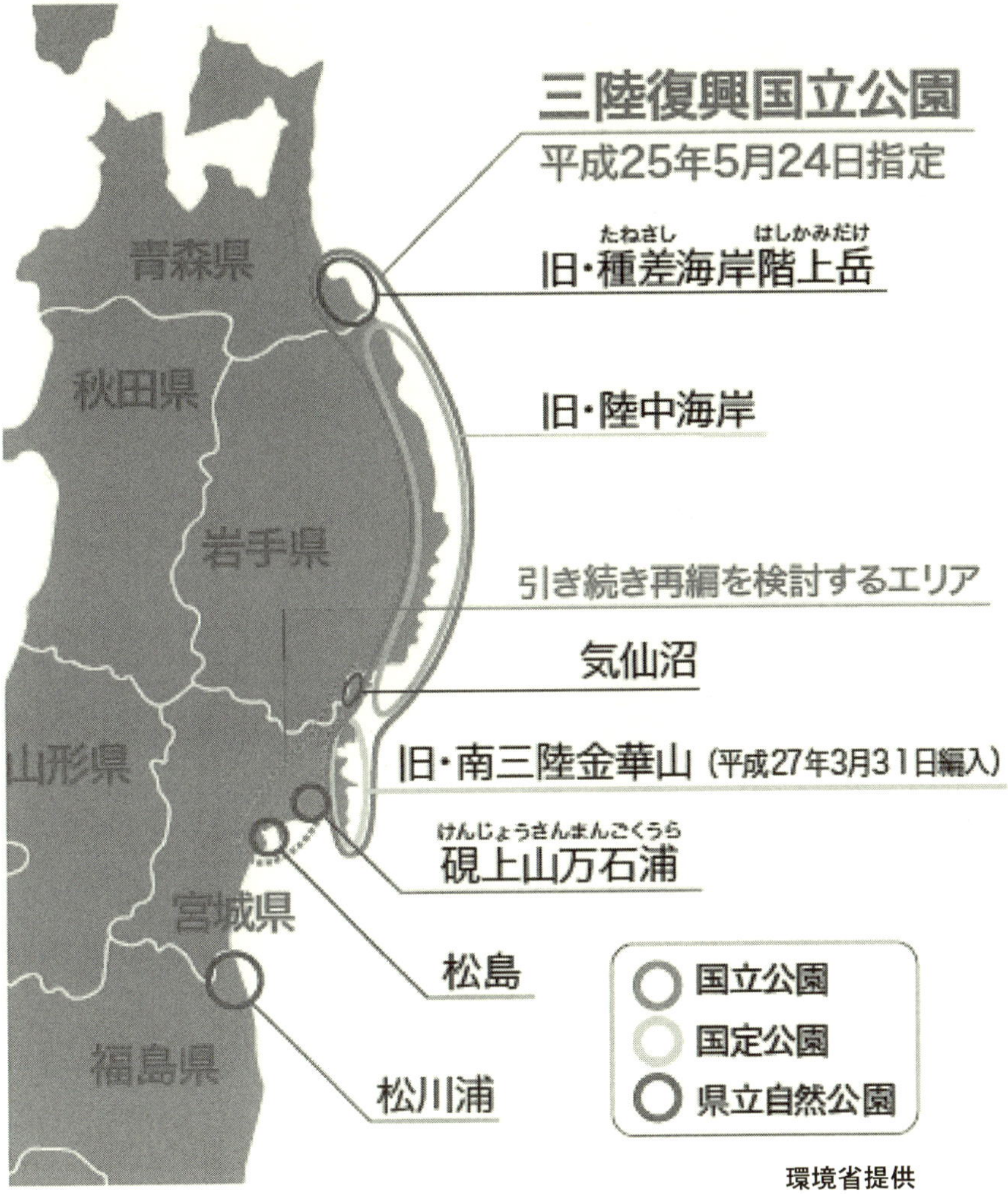
三陸復興国立公園
平成25年5月24日指定
旧・種差《たねさし》海岸階上岳《はしかみだけ》
旧・陸中海岸
引き続き再編を検討するエリア
気仙沼
旧・南三陸金華山（平成27年3月31日編入）
硯上山万石浦《けんじょうさんまんごくうら》
松島
松川浦
青森県
秋田県
岩手県
山形県
宮城県
福島県
国立公園
国定公園
県立自然公園
環境省提供

第2章 三陸鉄道北リアス線　陸中野田〜白井海岸間
三陸復興国立公園

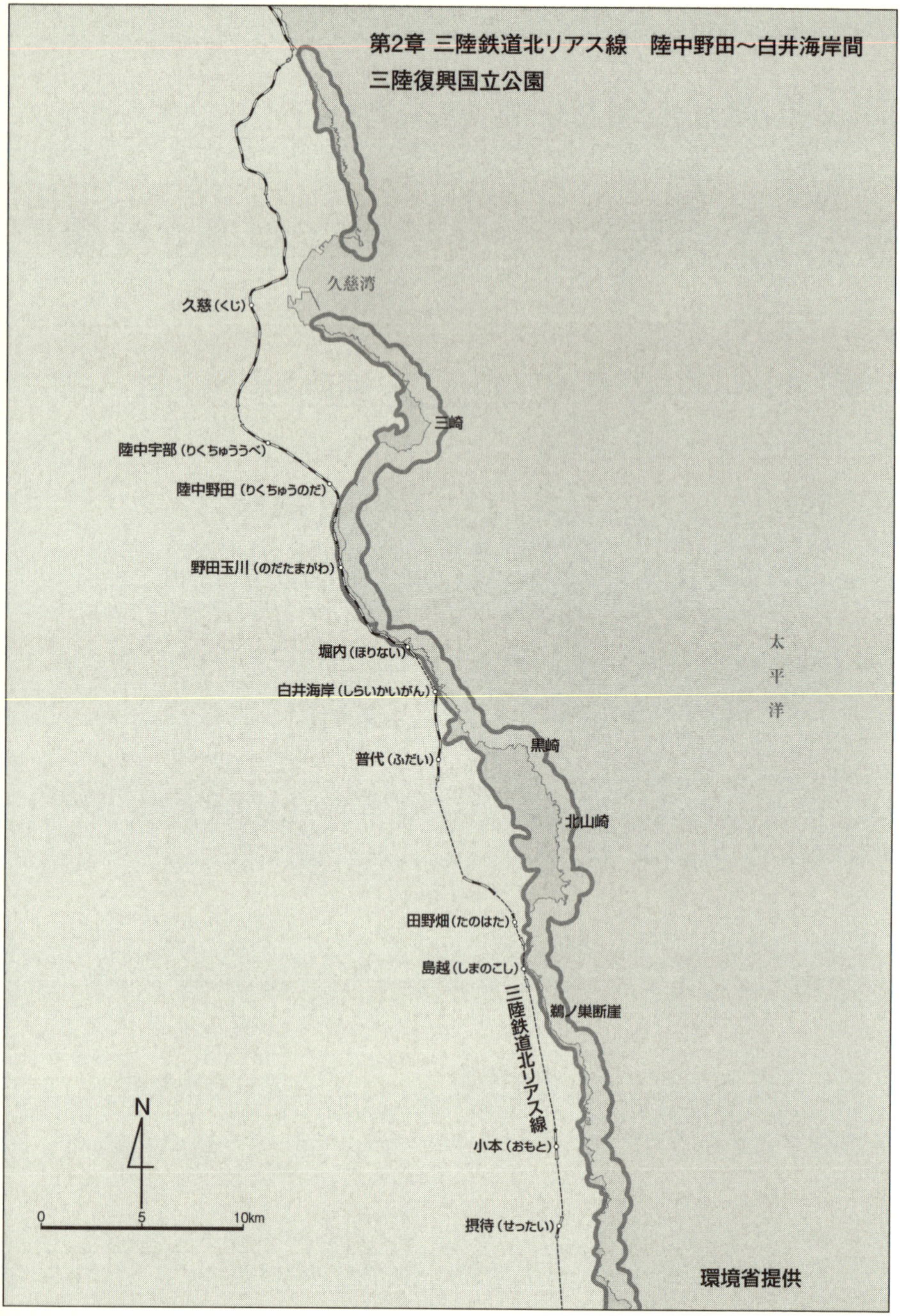

環境省提供

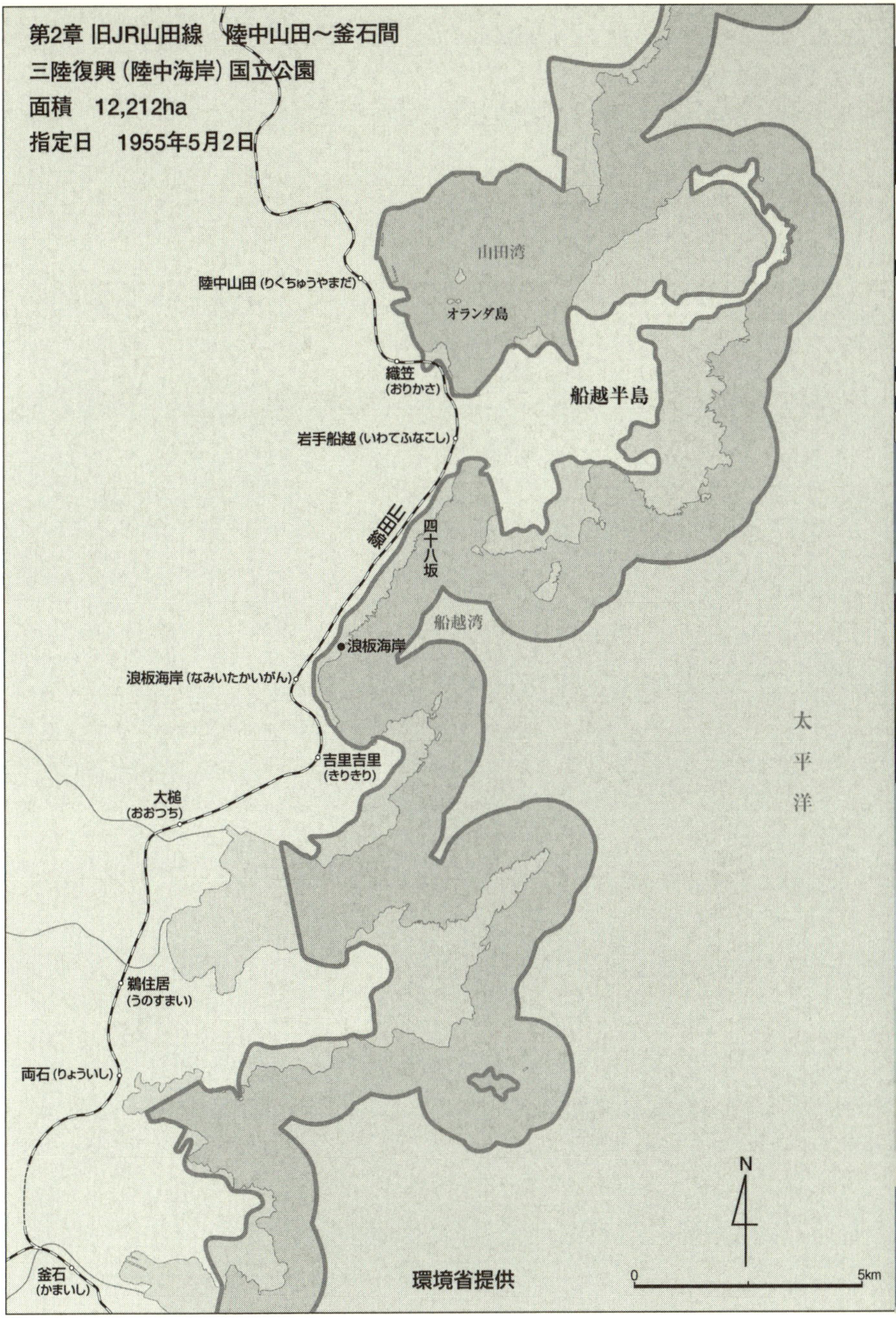
第2章 旧JR山田線　陸中山田～釜石間
三陸復興（陸中海岸）国立公園
面積　12,212ha
指定日　1955年5月2日
山田湾
オランダ島
陸中山田（りくちゅうやまだ）
織笠（おりかさ）
船越半島
岩手船越（いわてふなこし）
山田線
四十八坂
船越湾
浪板海岸
浪板海岸（なみいたかいがん）
吉里吉里（きりきり）
大槌（おおつち）
太平洋
鵜住居（うのすまい）
両石（りょういし）
釜石（かまいし）
N
0
5km
環境省提供

第2章 三陸鉄道南リアス線　大船渡線
三陸復興国立公園

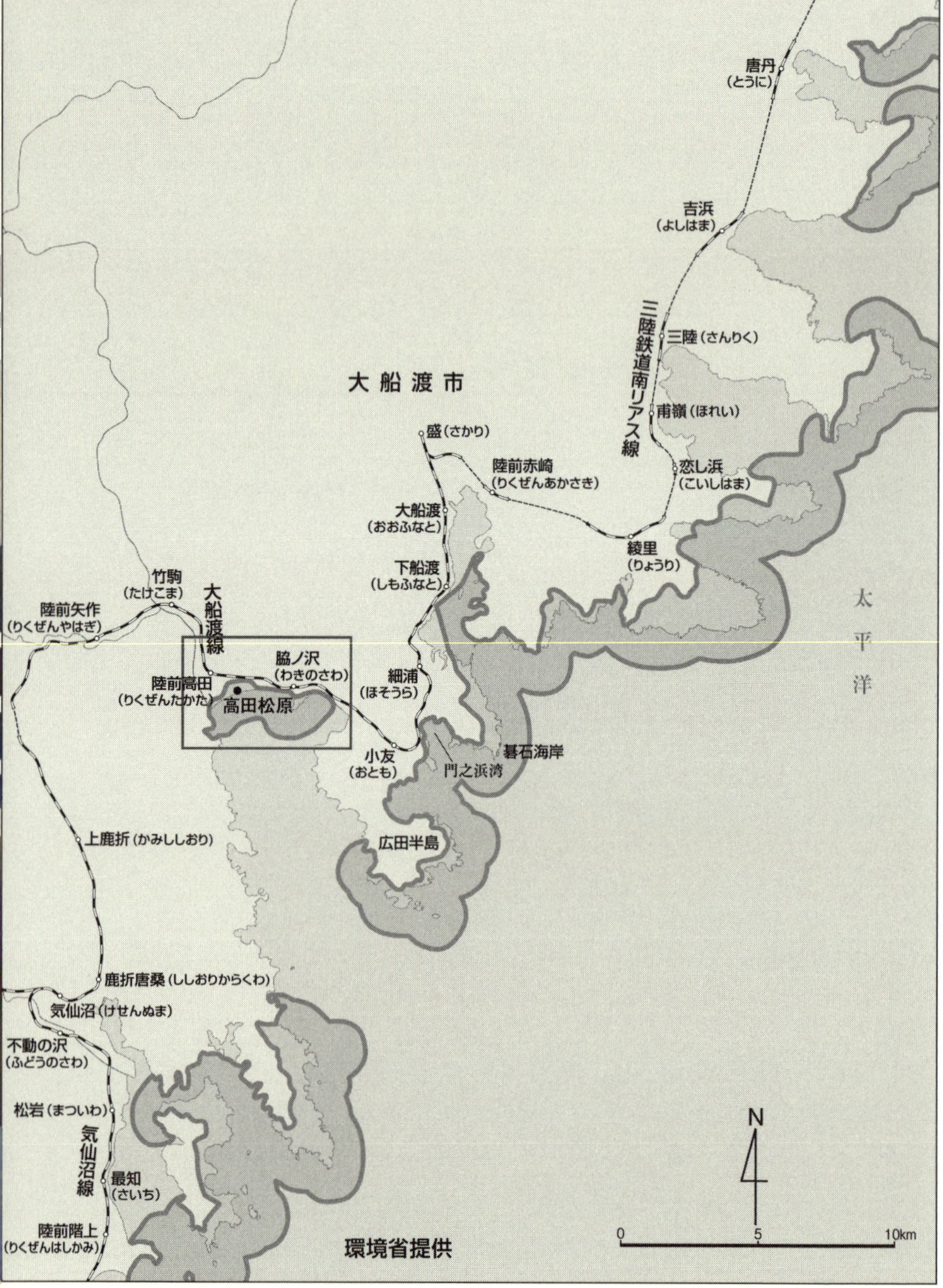

環境省提供

東北地方では次の路線が国立公園内に入る。

米坂線　越後下関～小国間　磐梯朝日国立公園
八戸線　鮫～種差～大久喜間　三陸復興国立公園
三陸鉄道北リアス線　陸中野田～白井海岸間　三陸復興国立公園

この他三陸鉄道へ移管が決まったＪＲ山田線の宮古～釜石間や大津波災害の後、ＢＲＴ（バス高速輸送システム）による運行がなされている大船渡線の盛～気仙沼間でも三陸復興国立公園指定区域に沿って走る景勝区間が一部にある。

米坂線

豪雪多雨地帯の荒川渓谷を走る、越後下関～小国間　磐梯朝日国立公園

米坂線は、越後下関～小国間で磐梯朝日国立公園内に入る。そこは、国立公園の中核をなす朝日、飯豊の二つの山脈を水源とする幾つも小河川を束ねる荒川の渓谷地帯にあたる。豪雪多雨の山岳地帯から流れ出す水が、狭い谷間に集中する地形である。殊に狭窄部上流側にあたる谷底の平野は洪水の脅威に晒されやすい位置にある。そのためダムを始めとして、治水、発電といった河川管理を目的とした施設が多くみられる。またトンネルや雪害対策用のシェルターもあり、車窓から国立公園風景と接する区間は自ずと限られてくる。見どころは荒川渓谷と飯豊山系から流れ下る玉川の合流付近から旧玉川口駅にかけての渓谷風景と旧玉川口駅から小国駅の間で一瞬見える、荒川蛇行部の渓谷・赤芝峡になる。

八戸線

荒磯の複雑な造型が垣間見える、鮫～大久喜間　　三陸復興国立公園

八戸線は新規再編された三陸復興国立公園の海岸風景と接して走る。八戸近郊区間の終点・鮫駅から種差海岸の隣、大久喜駅にかけては、ウミネコの島として有名な蕪島や荒々しい岩肌が特徴的な海岸を望むことができる。ただ国立公園風景としてはものたりない。特に蕪島のウミネコの糞で汚された岩礁は痛々しささえ感じる。この間では陸奥白浜と種差海岸の間の景色が一番優れていると感じる。この後八戸線の線路は国立公園指定区域を離れるが、宿戸《しゅくのへ》〜陸中八木の間の海岸、陸中八木〜有家間から遥かな海岸段丘が望まれる区間、陸中中野駅付近の高台から見下ろす岸辺など景勝地点はまだまだ続く。

三陸鉄道北リアス線

橋梁から豪快な陸中海岸の風景が望める、陸中野田〜白井海岸間

三陸復興国立公園

安家川橋梁、堀内駅、大沢橋梁は既にポスターなどにも登場して代表的景勝地点となっ

ている。安家川橋梁は、秋には遡上するサケを眺めることができる場所としても有名である。北東方向には海に向かって伸びる海岸段丘・三崎を見渡せる。大沢橋梁からは奇岩怪石に覆われた荒々しい岬の風景が望まれる。陸中海岸の玄関口といった雰囲気がある。トンネル区間が多い三陸鉄道北リアス線の車窓から海景色が望まれるのはこの三地点と島越駅付近となる。

三陸鉄道北リアス線は国立公園指定区域を走る鉄道としては珍しい存在である。ほとんどの場合、鉄道が建設された後に国立公園指定区域が設定されているのに、この路線は国立公園に指定されたエリア内に後から建設された区間がある。三陸復興国立公園の前身、陸中海岸国立公園が指定されたのは一九五五年五月二日。その二十年後の一九七五年の七月二〇日、前身の旧国鉄久慈線が久慈〜普代間で開通、その時路線の一部が陸中海岸国立公園内を通り抜けることになったのである。三陸鉄道線に乗ってみて分かるのは、周辺のJR線とは異なる性格を持っていることだ。モータリゼーションが進行する七〇年代半ばになっても、まだ三陸で鉄道が強い支持を集めた理由は、在来線タイプではない災害に強い交通手段が求められたからである。そのため幹線規格で設計され、トンネルも多い。陸中野田駅と白井海岸駅の間で断続的に国立公園区域内に鉄路が拓かれたことも、極力直線にしてカーブや勾配を減らしたかったためである。

旧JR山田線　宮古～釜石間　その他の線区　三陸復興国立公園

二〇一五年三月、旧JR山田線・宮古～釜石間の復旧工事はJR東日本が担当、その後のインフラは県や地元市町村が受け持ち、運営は三陸鉄道が行うことで復旧される見込みとなった。運行する立場からすれば、採算性、安全運用面双方から大変な路線を任されることになったわけだが、車窓ファンからすれば待望の路線復活という思いが強い。この区間、東日本大震災時のように津波災害リスクがある区間も多いが、景勝路線としては申し分のない条件を兼ね備えている。特に岩手船越と波板海岸駅の間では景勝地四十八坂《しじゅうはっさか》沿いを走り波板海岸も望める。国立公園指定区域からは離れるが、普段は静かな山田湾や辺りの樹木の色を投影させた両石湾も見下ろせる。リアス式海岸の静かな入江から宮古以北の荒々しい隆起海岸への移り変わりを車窓から望めるようになり、景勝路線としての価値は増すことになる。南リアス線は国立公園エリアは通らない。指定区域からはかなり遠ざかっている。しかもトンネルが多い。途中の吉浜や甫嶺《ほれい》駅、恋し浜駅の近辺では海が望まれる。甫嶺駅付近の築堤は津波の勢いをとめた区間でもあり、防災のため築堤の強度はより強固にされその上に線路が敷かれている。

同じ三陸鉄道でも南リアス線は北リアス線と雰囲気が少々違う。車内で聞かれるケセン語*の響きから、北リアス線沿線（閉伊地方）とは別の文化圏に入ったと感じられる。休日には乗客の半分以上が旅行者の時もある。全線復旧後のある日曜日に三陸鉄道南リアス線に乗った時のことである。「どうしても三陸鉄道に乗りたい」と、東京から日帰りでやってきた年配の婦人グループと乗り合わせた。ただ乗ることだけを目的として、帰宅が深夜になることも厭わず鉄道旅行を楽しんでおられたのには感銘を受けた。三陸鉄道は鉄道ファン層を広げる役割も果たしている。

大船渡線の盛〜気仙沼間は大津波災害の後、ＢＲＴによる運行がなされている。大船渡湾はフィヨルドの形状をして周囲の山も結構高いのだが、どこか柔らかである。線路が舗装されバス専用道路となっている区間の一部、細浦〜小友間では門之浜湾沿いで国立公園指定区域と接して走る。小さな湾だが浜辺と磯が絶妙な加減で配置されている。ＢＲＴ専用道路では、時折バスの行く手を遮断機が遮っている場所がある。一般車が一般道と間違えて進入しないようにＢＲＴレーンは普段は閉鎖しておくのだ。バスの運転手が「徐行します」とアナウンスする。接近すると自動的に遮断機が上がり通行できるようになっている。スピードは遅いが景色はよく見える。舗装された鉄道の敷地には線路の面影も残っている。草むらからキジが突然飛び出したりする。幹線道路では有り得ないことである。

＊ケセン語

岩手県・大船渡、陸前高田地方で話される言葉。大船渡出身の医師、山浦玄嗣氏は言語民主主義の観点から方言ではなく独自の言語と定義。辞典の上梓、ケセン語による聖書の翻訳もなされている。

風景の寄り道3　北山崎　三陸鉄道北リアス線　三陸復興国立公園

「三陸復興国立公園」の前身「陸中海岸国立公園」は、生活の場と隣合わせた国立公園であった。その影響か、民有地の割合が六七・七パーセントを占め、これは全国の国立公園の中で三番目に多い状況であった。元来岩手県は東北地方の中では民有林が多い県である。このような地域で景観がどのように扱われるかは地元の人の意識にかかっている。

二〇一四年四月、三陸鉄道北リアス線が全線復旧した時宮古の三陸鉄道本社を訪ねた。三鉄のキーマンの一人であり「線路はつながった」（新潮社・二〇一四年）の著者でもある冨手淳旅客サービス部長に会ってみたかったからだ。朴訥とした語り口ながらしっかりした知見があり、いざという時にはこういう人が力を発揮するのか、と思った。「国立公園」がどれくらい意識されているのかも知りたかった。国立公園指定区域の詳細についても熟知しておられた。さすがだ。眺めのよい鉄橋上で列車を一時停止させるサービスも、JR山田線、三陸鉄道北リアス線、JR八戸線の相互直通観光列車の運行も再開された。鉄道マン気質と同時にしたたかな営業マンという一面もある。現場で培われた経験を汲み上げる社風があるから、ぎちぎちの順法精神を伝統とする鉄道業界の常識を超えるアイディアが生み出されるのだろう。さて、これからまたどんな新しい企画が出てくるのだろうか。その三陸鉄道北リアス線沿線には案内書を見ただけで思わず散策してみたいと思わせる景勝地が方々にある。宮古周辺なら「浄土ヶ浜」「月山」、田野畑であれば「鵜の巣断崖」などがある。全部訪ねたいところだが、忙しい車窓行の合間の探訪となると最寄り駅からバスなどで結ばれていることが条件になる。このうち「浄土ヶ浜」は交通の便がよく訪ねやすい。そして、今一つ敢えてどこが風景の寄り道に相応しいか、といえば安家川橋梁や大沢橋梁から眺める海岸風景の延長線上にある「北山崎」をあげたい。この二つの北リアス線の車窓絶景地点は景勝地帯の入口にあたる。その先に続く海岸風景の豪快さ、濃やかさがクライマックスに達した景勝地が北山崎周辺である。北山崎へは田野畑駅から乗り合いタクシーで二〇分程で行ける。一帯は二〇〇メートル程度の断崖が南北に連なっているのだが、単調ではなく、浅緑色の潮が渦巻く海岸は洞門など肌理濃やかな造形が複雑に入り組んでいる。長い年月をかけて形成されたため、若い火山にみられる野卑さはなく岩場に緑条を重ねるアカマツや季節ごとに変化する木々の放つ色彩が鮮やかである。

展望台も好い位置にあり、遠望にも優れている。晴れた日の夕方などは、南側に幾重にも連なる岬群が遼遠の彼方へ霞んで行く情景も見渡せる。紫深い空の下には緩やかに起伏する山々が影絵のように佇んでいる。

北山崎の海岸は二〇一一年三月一一日の大津波直撃後もほとんど形状を変えていない。両隣に続く崖もよく見てみると、一直線の単調な断崖は一か所もない。岬状になる部分とやや入り組んで小さな浜が出来ているところに分かれている。さらに樹木が繁茂している箇所と岩肌がむき出しになっている所と、上手くバランスがとれている。これがこの国立公園の景観の特色である。基盤となる古生層や白亜紀の古く堅い岩盤は浸食に抗する力が強いが、断層などの影響で堅い部分と緩んだ所が交互に現れ、地形に変化が出る。崩れ方が遅く、植物が生息しやすくなっている斜面と急峻な崖とに分かれていく。北山崎海岸周辺の急傾斜地帯には、歴史的に様々な開発が試みられた地域の中にあって、異次元といってよいほど壮麗な自然景観が温存されている。

コラム　国立公園鉄道の視点

「復興」の国立公園を繋ぐ鉄道

岩手県はかつて「日本のチベット」と呼ばれたことがあった。辺境とか未開の意味合いでそう呼んだのなら随分不適切な表現だと思う。双方に対して失礼である。封建時代を終焉させ近代化を主導したのは、戊辰戦争を制した西国雄藩出身者である。彼等にとっては、制圧した地域に後進地帯のレッテルを貼った方が都合がよかったのだろう。このように歪められたイメージは戦後民主主義の時代になっても増幅し続け高度成長期にピークに達した。だが近世この地域、殊に三陸地方は決して後進地帯ではなかった。例えば、釜石線の名所、Ωループの袂にある陸中大橋駅のある大橋は近代製鉄発祥の地である。もともと三陸地方は砂鉄の産地があり、近代以前はたたら製鉄が盛んな地域であった。幕末には大砲の需要から、高炉によって不純物の少ない鉄鉱石を原料とした銑鉄《せんてつ》が生産された。この地域には古生層の石灰岩と白亜紀の花崗岩が接触する地層があり、そこに鉄や銅といった鉱物資源が埋蔵されていた。盛岡藩士大島高任《たかとう》らにより築かれた高炉は鉄だけを作り出したのではない。近代国家に先駆けて基幹産業の礎を北上山中に誕生させたのである。三陸地方一帯も江戸時代後期には商品経済が浸透していた地域であった。東廻り海運整備は三陸沿岸に漁業の発展をもたらした。イリコ、干鮑《ほしあわび》、鱶鰭《ふかひれ》といった海産物は長崎俵物と呼ばれ、江戸や長崎を経由して中国まで輸出されていたという。岩手県の北上山地東部や三陸一帯は閉伊と名付けられている。だが、その地名から連想される印象とは裏腹に、山や海に閉ざされて自給自足生活をしていたわけではなく、価値の高い商品を媒介として広い世界と結合していたのである。このことは、鉱物資源の豊富さも加わって、三陸の地域的特色を際立たせている。幕藩体制時代、この地を支配していた南部氏は、幕府から依頼された外国に対する警護の出費がかさみ財政危機に瀕した折、鉱物や海産物が豊富な三陸地方へ莫大な税を課した。これに反発して、幕末には大規模な一揆が二回も起こり、最終的には一揆側が藩に対して勝利する、という前代未聞の事件が起きた。「三閉伊一揆」と呼ばれる民衆行動は、しっかりと統制のとれた組織が結成されたからこそ成功したのであろう。ということは、民衆側に的確な状況判断や時代の先を見越す能力のある指導者が存在した、ということに他ならない。この事件の詳細からは、商品経済浸透に伴い権利意識が萌芽して、権力者が不当な要求をした場合には断固たる対応をとる、という住民感情が広く行き渡っていたことが窺われる。三陸地方には、様々な困苦に立ち向かいながら、したたかに生き抜こうとした人々の歴史が刻まれている。その地に「陸中海岸国立公園」は、一九五五年、五月二日、全国一九番目の国立公園として、文人にして写真家の駒井雅三氏を始めとする地元有志に後押しされつつ指定された。時代の流れを顧みると、国立公園指定を契機として自らの地域に特性を見いだして地域振興に結び付けようとする伝統が感じられる。そして二〇一三年からは「三陸復興国立公園」として青森県南部から宮城県北部の自然公園が再編中である。「復興」と銘打たれた国立公園、そこには人文要素も加味される。震災からの復興とともに、近代に植え付けられた偏見を払拭する地域文化復興の原動力となることも期待される。今般、山田線の釜石〜宮古間の景勝区間がＪＲ東日本による復旧作業終了後、三陸鉄道に運行が委ねられることに決定した。災禍を乗り越えた三陸鉄道は「復興」の国立公園を結合する路線として新たなスタートを切ることになる。

第3章　関東地方

伊豆急行線　　伊豆北川駅から大室山を望む

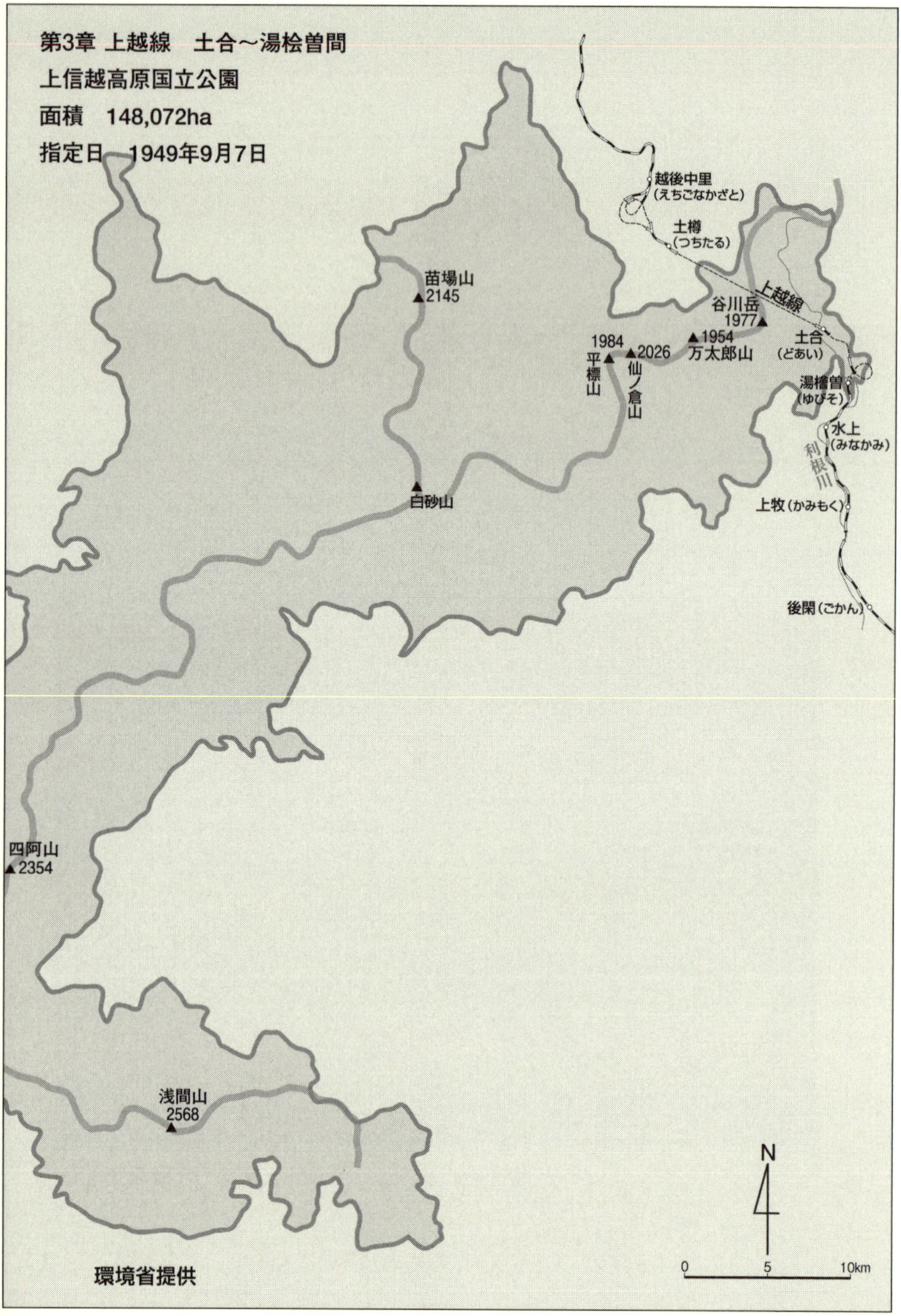
第3章 上越線　土合～湯桧曽間
上信越高原国立公園
面積　148,072ha
指定日　1949年9月7日
越後中里
（えちごなかざと）
土樽
（つちたる）
上越線
谷川岳
1977
苗場山
2145
1984
▲2026
▲1954
万太郎山
平標山
仙ノ倉山
土合
（どあい）
湯檜曽
（ゆびそ）
水上
（みなかみ）
利根川
白砂山
上牧（かみもく）
後閑（ごかん）
四阿山
2354
浅間山
2568
N
0
5
10km
環境省提供

第3章 東武鬼怒川線・野岩鉄道会津鬼怒川線　新高徳〜中三依温泉間

日光国立公園

面積　114,908ha

指定日　1934年12月4日

環境省提供

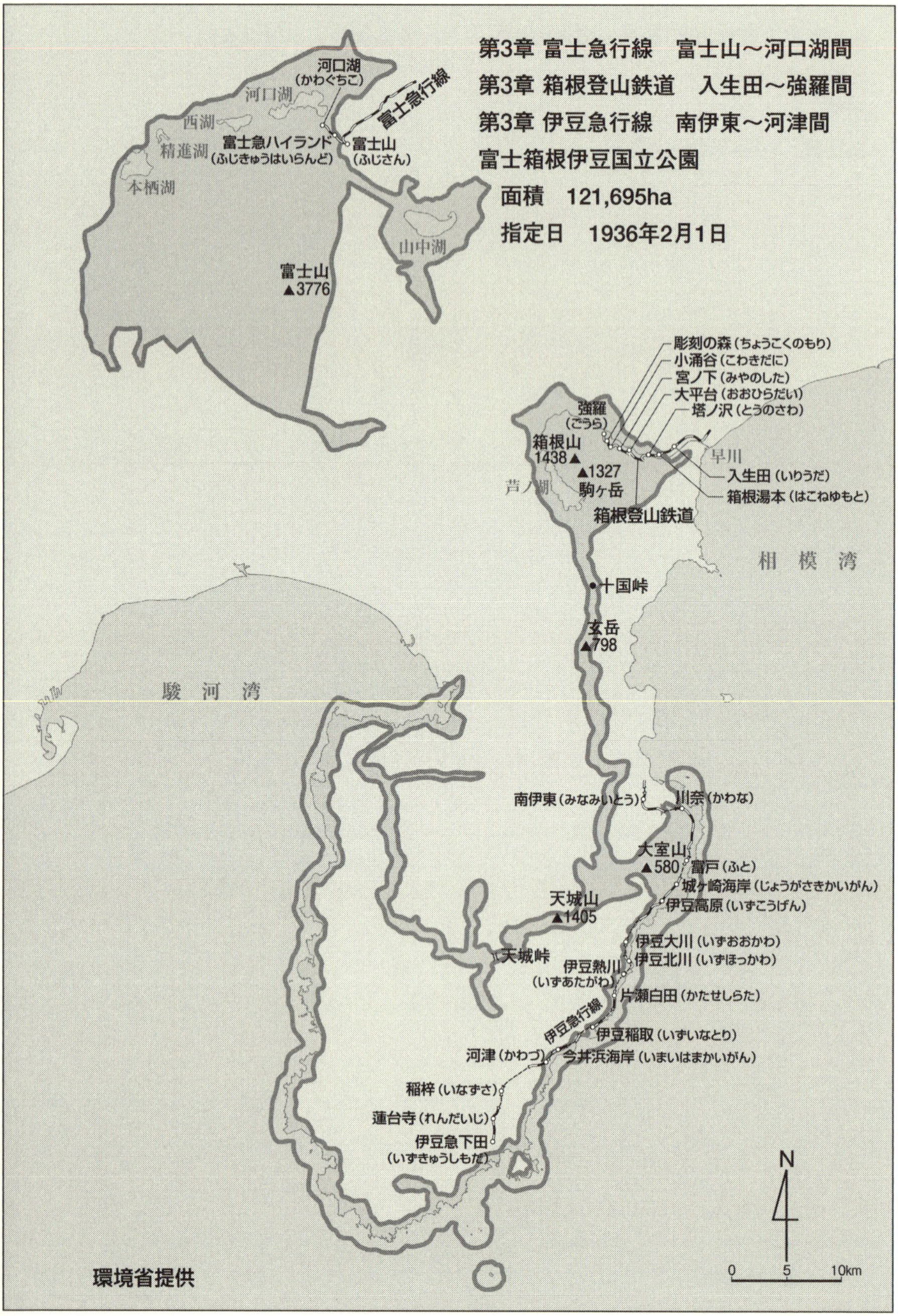
第3章 富士急行線　富士山～河口湖間
第3章 箱根登山鉄道　入生田～強羅間
第3章 伊豆急行線　南伊東～河津間
富士箱根伊豆国立公園
面積　121,695ha
指定日　1936年2月1日
河口湖（かわぐちこ）
富士急行線
河口湖
西湖
精進湖
本栖湖
富士急ハイランド（ふじきゅうはいらんど）
富士山（ふじさん）
山中湖
富士山
▲3776
彫刻の森（ちょうこくのもり）
小涌谷（こわきだに）
宮ノ下（みやのした）
大平台（おおひらだい）
塔ノ沢（とうのさわ）
強羅（ごうら）
箱根山
1438▲
▲1327
駒ヶ岳
芦ノ湖
早川
入生田（いりうだ）
箱根湯本（はこねゆもと）
箱根登山鉄道
相模湾
十国峠
玄岳
▲798
駿河湾
南伊東（みなみいとう）
川奈（かわな）
大室山
▲580
富戸（ふと）
城ヶ崎海岸（じょうがさきかいがん）
伊豆高原（いずこうげん）
天城山
▲1405
伊豆大川（いずおおかわ）
伊豆北川（いずほっかわ）
天城峠
伊豆熱川（いずあたがわ）
片瀬白田（かたせしらた）
伊豆急行線
伊豆稲取（いずいなとり）
河津（かわづ）
今井浜海岸（いまいはまかいがん）
稲梓（いなずさ）
蓮台寺（れんだいじ）
伊豆急下田（いずきゅうしもだ）
N
0　5　10km
環境省提供

第3章 青梅線　二俣尾〜奥多摩間

秩父多摩甲斐国立公園

面積　126,259ha

指定日　1950年7月10日

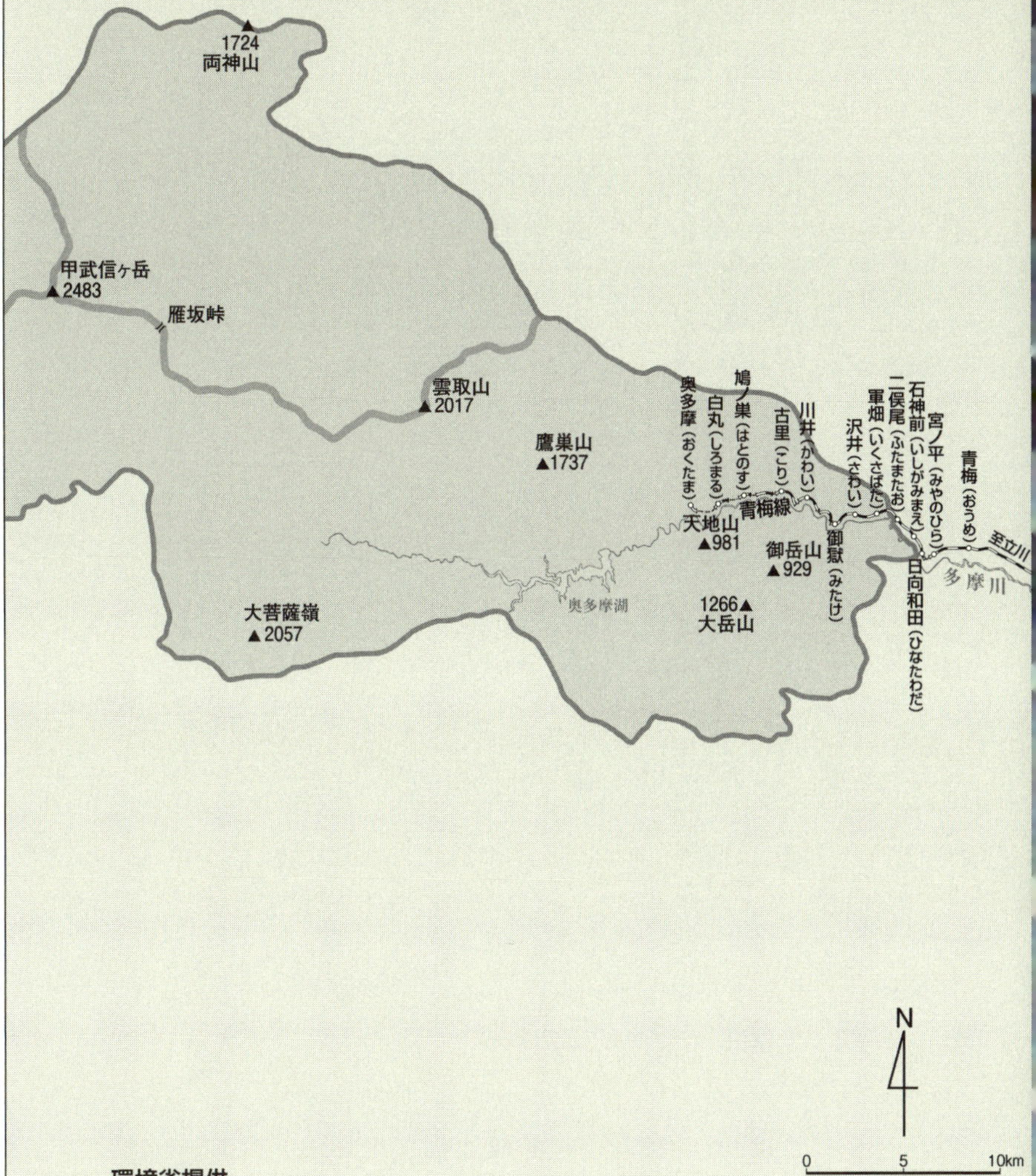

環境省提供

関東地方の鉄道で国立公園内に入り、その風景を間近に眺めることができるのは次の路線である。

上越線	土合〜湯檜曾間	上信越高原国立公園
富士急行線	富士山〜河口湖間	富士箱根伊豆国立公園
青梅線	二俣尾〜奥多摩間	秩父多摩甲斐国立公園
箱根登山鉄道	入生田〜強羅間	富士箱根伊豆国立公園
伊豆急行線	南伊東〜河津間	富士箱根伊豆国立公園

この他、東武鬼怒川線と野岩鉄道は、新高徳〜中三依温泉間で日光国立公園指定区域を走る。今市駅で東武日光線から分岐した鬼怒川線は大谷川を渡り、新高徳駅の手前で日光国立公園に入る。この付近では鬼怒川に沿って国立公園区域は指定されている。渓谷は上流に向かうにつれ深くなっていく。東武鬼怒川線・野岩鉄道が日光国立公園指定区域を通過する区間は、江戸時代には*山崩れなどの現在の激甚災害に相当する事態が起きたほど険

阻な地形で、鉄道は危険回避と有利な線形確保のためトンネル区間が多い。そのため車窓風景が望まれる区間は川治温泉〜川治湯元間の渓谷地帯に限られている。

＊山崩れ

一六八三（天和三）年、日光から南会津地方にかけて大地震（マグニチュード6・8〜7・3と推定される）があった。このとき現在の野岩鉄道葛老トンネル上の葛老山（一一二四メートル）で山崩れが発生、湯西川橋梁付近で合流して鬼怒川へ注ぐ男鹿川と湯西川を塞き止め、自然現象による五十里湖が誕生した。その四〇年後に決壊して下野国史上最大規模の災害を発生させた。

上越線

湯檜曾川の渓谷が見下ろせる、土合〜湯檜曾間、谷川岳遠望地点がある、水上〜上牧間　　上信越高原国立公園

上越線上り線、清水トンネルの群馬県側にある土合駅を挟んで僅かに国立公園内を通過する箇所がある。土合駅から二つトンネルを抜けると湯檜曾川の渓谷が見下ろせる。その後ループ箇所へ向かう途中で、これから降りていく先の湯檜曾駅も望まれ、視覚的にも結構な高低差があることが分かる。ただ、上越線の国立公園内通過区間からは国立公園級の眺望は期待できない。もっとも、近接する国立公園指定区域外には、上信越高原国立公園指定区域の谷川連峰を比較的間近に見渡せる区間がある。水上～上牧間には「耳二つ」の別称もある谷川岳の特徴ある姿が望まれる車窓絶景地点がある。上越線が幹線として利用されていた時代には、多くの人に知られていた絶景地点だが、新幹線や高速道路が主要な移動手段となった今も、「あそこに絶景区間がある」と覚えておきたい場所である。

富士急行線

程よい速度で富士山に迫る、大月～富士山～河口湖間　富士箱根伊豆国立公園

四〇パーミルの勾配が三か所もある急坂を富士急行線は風景観賞にはほどよい速度で上りわが国の最高峰に迫る。富士山は接近するにつれ様々に表情を変えていく。富士山を展望できる路線は数多ある。だが富士急行線は、巨大な山体への距離感が段々詰められていき、流れの向きを変える川に沿ってカーブが繰り返される箇所もあるため、車窓から、偉大さ、多彩さがとりわけ実感できる道程となっている。途中十日市場駅付近では桂川の蒼竜峡の渓谷美とも接する。約八〇〇〇年前に富士山の火山活動により頂上付近から流れ出たとされる溶岩流（猿橋溶岩流）は、桂川沿いに三〇キロ先まで到達したとみられている。火山堆積物は桂川の水流に穿たれ、あちこちに渓谷が出来ている。富士急行線の車窓からは、富士山からの溶岩流直撃の記憶を蒼竜峡の景勝という形で感じ取ることが出来る。ところで富士急行線は、かつての富士吉田、現在の富士山駅までは国立公園内に入ることはない。スイッチバックして河口湖線に入り、富士山〜河口湖間、最終段階で富士急ハイランド駅付近の手前からごく僅かな間で国立公園内を走る。この区間は、富士山は見えるが線路沿いに宅地や空き地があり近景は自然美に乏しく、皮肉なことに全線で最も凡庸な車窓かもしれない。

青梅線

首都近郊と隣接する自然風景地帯を走る、二俣尾～奥多摩間

秩父多摩甲斐国立公園

秩父多摩甲斐国立公園は都心近郊へ向かって指定区域を広げている。その区域に含まれる多摩川渓谷沿いに青梅線は走る。青梅線は、二俣尾～軍畑間にあるかつての山陰線余部橋梁と同じトレッスル橋として知られる軍畑橋梁を越えると国立公園内に入る。橋を渡る時、列車の進行方向左手に姿の好い御嶽山も望まれる。これより奥多摩まで国立公園内を走る。車窓から見える山には人工林が多い。だが、川辺に近いところには自然林に近い斜面がある。山中にも自然林が望まれる場所があり、季節ごとに異なった彩りに包まれる。

鳩ノ巣から白丸駅まで懸崖の上を幾つもトンネルを抜けながら走る区間は青梅線の中でも見応えのある展望地点である。塞き止められた川は瀞のように澱み、対岸に見上げる山

は高い。終点奥多摩の一つ手前の白丸駅からは奥多摩槍と称される天地山が望まれる。背後に鬱蒼と生い茂る山林が迫る古風な集落は東京の奥座敷といった雰囲気がある。

氷川トンネルを抜けると奥多摩工業の工場のある終点奥多摩駅に到着する。その工場からは日原の石灰石鉱山へ続く「奥多摩工業曳鉄線」という石灰石運搬用の専用軌道が敷かれている。

青梅線の前身、青梅鉄道は一九二〇（大正九）年に二俣尾まで延長され、一九二九（昭和四）年には御嶽駅まで開通している。（同じ年、青梅電気鉄道に社名変更された）これにより、それまで石灰石運搬路線の性格が強かったこの鉄道が御岳山登山客の移動手段としての機能も持つようになった。昭和二年頃から登山案内や日本百景選定へ推奨するさい「奥多摩」という地名が使われ始めた。青梅電気鉄道やその後国有化された青梅線は延伸する過程で「奥多摩」という地名を定着させる役割も果たした。青梅電気鉄道は国立公園誘致活動にも積極的に動いていたと伝えられている。昭和初期の時点では直ちに国立公園指定には至らなかったが、一九五〇（昭和二五）年、国立公園指定時に結果的に青梅線が走る多摩川渓谷沿いも指定範囲に含まれることになった。戦後になって漸くその活動が報われたとみるべきであろうか。

箱根登山鉄道

急勾配と急カーブで複雑な地勢と接する、入生田～強羅間

富士箱根伊豆国立公園

日本で唯一の、世界的にも最も急勾配、粘着式鉄道の限界といわれる八〇パーミルの勾配が全区間の四五パーセントを占める箱根登山鉄道は複雑な地勢を繋いでいる。古期外輪山の一角を切って相模湾へ向かう早川の渓谷から、火砕流が堆積された台地・大平台を経て新期外輪山である浅間山の山麓を走り、中央火口丘の縁を抜けて神山噴火による火砕流台地の強羅へ達する。連山を遠望できる場所は乏しく、修景された植栽や濃やかに谷に出入りする際の樹木との隣接感に特色がある。塔之沢～大平台信号所間の早川の渓谷にかかる出山橋梁からの眺望は全線きっての見所とされている。橋を渡るとほぼ一八〇度ターンした後三回スイッチバックする。出山の信号所から小湧谷までの区間は、浅間山と湯本方

面へ伸びた早川と須雲川の両渓谷に刻まれた尾根筋の早川側の斜面を縫うように走る。半径三〇メートルのカーブが数箇所ある大平台から小涌谷の間は浅間山の山腹を走る。浅間山は鷹巣山や屏風山と同様五万二〇〇〇年前の巨大噴火により形成された新期外輪山の一角にあたる。この大規模な火山活動の折は富士川から横浜西部に及ぶ広大な地域に火砕流が到達したとされている。箱根登山鉄道の車窓に開けるしとやかな風景帯の地下深くには、活動を継続する火山の猛威が潜在している。

伊豆急行線

ジオパーク周遊コースの雰囲気もある、南伊東〜河津間

富士箱根伊豆国立公園

伊豆急行線から望まれる東伊豆の車窓風景は伊豆急行の展望列車「リゾート21」によって価値が高められているといっても過言ではない。これから触れる風景ポイントはいずれ

も「リゾート21」の先頭車両から眺めたものである。他の車両からでも視点は変わるが展望は可能と思われる。だがやはり展望車両の車窓は視野が違う。座席の配列、窓の広さが車窓風景を眺める上で重要な要素となっていることを「リゾート21」は体現している。

伊豆急行線内の景勝区間といえば、片瀬白田〜伊豆稲取間の海岸沿いを走る区間が有名である。ややもすれば「リゾート21」はこの区間の眺望を味わってもらうために作られたとも思われがちである。それだけではもったいない。東伊豆では周期的に次々と拠点を移していく火山活動が続いているため、地形は小規模ながら変化に富んでいる。そこを繋ぐ鉄道はさながらジオパーク周遊コースを走る雰囲気がある。

起点の伊東駅の隣、南伊東駅を出ると東側へ進路が変わり川奈駅に向かって高度を上げていく。トンネルを抜けると国立公園内に入る。そこから河津まで、稲取や熱川の市街地以外はほぼ国立公園内を走ることになる。箱根同様伊豆も活動を継続する火山帯の直中にある。小規模ながら変化に富んだ火山地形や海岸風景、さらには晴れた日には遥か洋上の島々も見渡せる。また伊豆急行線には一〇〇メートル程の高低差があり、これにより風景の見え方が大胆に変わっていく。

川奈から富戸の高所からは伊豆高原の森の斜面と、晴天時は海を隔てて大島や房総半島の洲崎が望まれる。川奈から伊豆高原にかけては海抜一〇〇メートルを越えて、冬季全区間中このあたり一帯だけが雪景色となることがある。

伊豆北川《ほっかわ》駅付近では、進行方向左側に海に突き出た溶岩台地と大室山が望まれる。伊豆北川駅からは、やや高所からの展望となるので豪快な眺めが味わえる。これらの地形は約四〇〇〇年前の火山活動により形成されたとされる。一九八九年七月には、伊東沖で手石海丘が噴火した。観光シーズン最中であったため、関係者を震撼させたが、伊豆東海岸中部一帯が火山活動継続区域であることを再認識させられることになった。

片瀬白田駅がある白田川の谷底の平地からは陸側に伊豆半島の最高峰天城山が展望できる。片瀬白田から稲取にかけて、黒根トンネルに入るまでは伊豆急行線は荒々しい磯浜の上を走る。視界がよければ伊豆諸島が望まれ、利島と新島の間に遠く三宅島まで見えることがある。稲取をすぎて稲取トンネルと朝日台トンネルの間で海に近付く。長野という集落を乗せた小半島の海蝕崖が間近に迫り、居ながらに外洋の風浪が押し寄せる伊豆南部の光景の一端に接することができる。

風景の寄り道4　谷川岳　上越線　上信越高原国立公園

上越線の土合～湯檜曾間で国立公園を通過する区間からは今一つ期待した眺望が現れない。一方国境のトンネル上には大景勝地がある。遭難者が多発する危険な山という印象が強い谷川岳である。鉄道ファンには登山など無縁と思われるかもしれないが、非常に限られた条件ながら山頂まで比較的容易に登れ、おだやかな大風景と接することができる日がある。好条件の日を選んで、たまには鉄道を降りて車窓の上にのしかかっている風景の探索をするのも悪くない。

谷川岳は様々な魅力のある山である。上越線、水上～上牧間から見える、トマノ耳とオキノ耳の二つのピークが屹立する遠景は美しい。さらには、水上から足を延ばして湯檜曾川を溯り、幽ノ沢や、一ノ倉沢などへ出向くのもよい。断崖の底からたおやかなブナの森と抜きんでた荒々しい岩肌のコントラストを眺めることができる。だが山頂からの眺望はまた格別である。言い知れぬ壮快感が漲ってくる。厳しく変わりやすい気象条件下にある谷川岳ではその眺望を安全に満喫できる日は限られている。だが、交通が便利なだけに、直前の天気予報を見て行くかどうか判断できるメリットもある。六月の快晴の平日、その天上界を逍遙する栄誉に恵まれたことがあった。大陸から張り出した高気圧に覆われた絶好の日和であった。

山頂（トマノ耳）の下には、鯨のような形の残雪が見られた。新緑のブナの梢をロープウェイですり抜けて天神平へ到着。早速風景観賞の散策を始めた。山頂へ向かう稜線部に入ると、荒々しさ、濃やかさ、しなやかさが備えられた風景に包まれる。このあたりには群を抜いて高い山はないのだが、山容はみなそれぞれ個性がある。万太郎山から仙ノ倉山へと続く稜線はアルプスのように険しく、東側の武尊山から尾瀬の至仏山にかけては濃い緑が鮮やかである。谷川岳の沢には氷河のような雪渓があり、六月の太陽を浴びて銀色に輝いている。オキノ耳から一ノ倉岳へ続く尾根から真下を見下ろすにはかなり勇気がいる。直下一〇〇〇メートルの深淵から冷ややかな風が吹き上げてくる。イワツバメが風切り音を立てながら、鋭い岩肌すれすれにジェット戦闘機のように飛び回っている。だが、目をまわりの大風景に転ずると、谷底から見上げた時の凄まじいばかりの圧迫感がどこへいったかと思われるほどおおらかである。梅雨の合間の晴れた日に谷川岳の山頂部を散策すると「魔の山」とは別の表情が見える。但し、いくら穏やかな日といっても、山頂への道はやはり散策気分で登るには難所も多い。登山が嫌いな人も絶景と向き合える場所がある。ロープウェイで天神平まで登り、そのあとリフトに乗り換え天神峠と呼ばれる地点まで行くと、なかなかの大風景が出現する。

風景の寄り道5　白丸　青梅線　秩父多摩甲斐国立公園

正直いって青梅線の車窓絶景ポイントを選ぶのは少々苦心する。水源林として再生された奥多摩湖より上流側の森と比べると、青梅線が走る区間の多摩川渓谷の景観は見劣りするといわれても仕方がない。細かく観ると、国立公園指定区域相応の景色はあるのだが、それはほとんど一瞬のうちに通りすぎてしまう。その地点を多くの人に記憶してもらうのは困難かもしれない。それでも、青梅線は一時展望列車のダイヤも組まれ景勝路線としての価値が認められていた時期もあった。山岳列車の雰囲気はある。但し全体的に人工林が多く、山の高さ渓谷の深さも今一つで絶景路線にはなりきれなかったというところだろうか。そんな青梅線沿線だが上流に進むにつれ段々山の感じが変わってくる。中でも終点、奥多摩駅の一つ手前の白丸駅周辺は特筆すべき風景地である。ここは途中下車してみたい。

単式ホーム（単線の片面だけに設置されたホーム）に降りると、南側にプラットホームと隣接して民家がある。住民はホームを経由して家に出入りする。狭隘な山間地の人家の庭先に鉄路が踏み込んだ趣である。駅の端は直ぐトンネルの入口になっている。駅や鉄路はここ白丸では濃厚な木々の彩りに包まれている。振り返ると背後に高い山が迫っている。「いよいよ本格的な深山地帯にやってきた」と感じる。

プラットホームを降りるとそのまま車一台が通れる道に繋がり、やがて石畳の道が分岐する。その先には自然の素材が存分に用いられた家並みが高峻な山裾の僅かに緩んだ斜面に立ち並んでいる。各家の敷地は石垣がしっかり築かれ碧樹は庭を奥深くみせる。日本の首都の中核駅、東京駅へ直行する通勤型車両も走る青梅線沿線に古雅な集落が温存されている。その立派な文化的景観を守ってきた人々がいることを誇らしく思えてくる。

ところで東京駅の西側は現代的ビル群が立ち並ぶ丸ノ内だが、ここ白丸中心部の小字も「丸の内」と呼ばれているそうだ。「しろ」とは耕作地の区画を示す「代」で、山間の耕地が○型に区画されていたため、名付けられたとされる説がある。白丸地区から多摩川渓谷に向かう急斜面には江戸時代中期に開削された「数馬の切り通し」がある。切り通し開通前は、青梅線・氷川トンネルと直交する稜線を越える山道が使われていた。白丸は多摩川渓谷を溯る街道の難所の入口であったのだ。散策する限りでは、牙を剥いて襲いかかる自然の猛威は感じられないが、この土地で生活をする人にとっては何かと労力を要する急傾斜地に不便を感じ、普通の町への変貌を願う人も多かったことであろう。白丸地区でも、一部で近代的な道路が整備されようとしている。一方由緒ある石畳の道端には「川合玉堂も愛した白丸散歩コース」と銘打たれた檜の案内版が掲げられている。日本画家の巨匠、川合玉堂は戦争中、写生でよく訪れたこの多摩川渓谷地帯に疎開した。中でも白丸には特別な思い入れがあったようで昭和一九年一二月一八日から大澤哲治氏邸に寄宿、この悠久の風景地を「おのが天地」と定めるに至っている。玉堂のような文化人に風景の価値を発見されたことが、開発地も多い多摩川渓谷地帯が国立公園指定地区に加えられる一因となったと考えられる。石垣で画された狭い道を庭先を掠めて登ればどんどん展望は開ける。陽春の時期には、奥多摩槍と称される天地山や萌黄の濃やかな色彩に包まれた高い峰が黒い人工林に覆われた低山から抜きんでて鮮やかである。谷底にはダムで塞き止められた蒼淵が山の色を映している。確かに多摩川渓谷地帯はこのあたりから山懐が深くなっていく。

白丸地区は、決して派手さはないが、青梅線の車窓の背景にある風景を知るには絶好の散策地である。

コラム　国立公園鉄道の視点

青梅線が走る渓谷は水源林へと続く

世界の先進国で、首都近郊にこれほど豊かな自然環境を保持している国が他にあるのだろうか。躍進するアジア経済圏の中にあって存在感が薄まりつつある日本の首都東京、そこに世界に誇るべき何かがあるとすれば、それは西部山岳地帯の森林地帯であるといってもよいのではないだろうか。メトロポリス東京の西方に美林がある。そこは秩父多摩甲斐国立公園の指定区域にもなっている。秩父多摩甲斐国立公園は多摩川渓谷沿いを東へ向けて指定区域を広げ、青梅線二俣尾駅近くで都市近郊と接する形になっている。青梅線はその秩父多摩甲斐国立公園が都市域へ向けてせり出した渓谷地帯を走る。

秩父多摩甲斐国立公園は水源の国立公園という見方もできる。この国立公園は、その総面積の約五三パーセントを公有地が占めている。（国立公園は国有地・公有地・私有地に統計上分類されている）この割合は全国の国立公園の中でも第一位である。公有地の四割、約二万二〇〇〇ヘクタールが東京都の水源林になっており、一つの国立公園の中に占める割合としてはかなり大きなものになっている。このあたりにこの国立公園の特徴が現れている。

正式には関東山地と呼ばれる山岳地帯の一部である秩父山塊は、信濃川、荒川、多摩川の三つの大河川の上流部にあたる。さらに笛吹川や葛野川へ配水することにより、富士川水系と相模川水系の水源の一翼を担っている。秩父多摩甲斐国立公園は、山梨、東京、埼玉、長野という行政上の県境山間地帯に位置していると見るより、本州中央部の大水源地帯とオーバーラップしていると理解した方がよい。その一角・多摩川源流部は、江戸時代には「御止め山」という禁伐区域が設定され、鬱蒼とした森が保全されていたようだ。ところが、幕末、幕府支配体制が弱まったり、明治初期の山林所有権確定中住民の不満が高まった時代に、盗伐、開墾などが横行して山は荒れ、裸地に近い状態の斜面も出現するに至ったという。その当時の写真を見ると禿山や灌木地帯があり、現在の森林からは想像も付かない荒涼たる有様であったことが窺える。とても首都東京の水源として相応しい状況ではなかった。そこで一九〇一（明治三四）年、新進気鋭の林学者・本多静六の提唱により水源の森の再建が進められた。この事業は行政側の英断もあり着々と進められ、幾多の困難を乗り越え美林は復活した。秩父多摩甲斐国立公園の多摩川流域は再生自然地帯を含有している。一方、国家の近代化とは自然を改変することにより利益を得る集団を普遍的に作り出す過程でもあった。鉄道は営利実現の鋭利な武器でもあった。ここ奥多摩では、再生保護された最上流部山岳地帯と隣合わせた所で石灰石の採掘、ダム開発が進められた。青梅線は元来石灰石の運搬ツールとしてスタートした。それらはいずれも近代日本躍進の原動力となったのである。さらに首都には一定の余裕が出来た中間層も出現して行楽の需要も高まった。青梅線は大衆登山の移動手段としても活用されることになった。また奥多摩渓谷地帯は煩雑な都会生活や戦乱から少し距離を置いて生活したいと思う人々にとっては適度な隠れ家（シェルター）ともなった。完全に都市生活から断ち切られるわけではない、その気になれば電車で都心まで日帰り可能な距離なのだから。青梅線の車窓に展開する風景、その先に広がる風景、そこには資源化、再生、保全、観光、隠逸など、都市住民が身近に存在する自然に向けた複雑かつ多様なまなざしの痕跡が見いだされる。

第4章　中部地方

えちごトキめき鉄道より妙高山を望む

第4章 風景の寄り道 6 妙高山麓　古間〜関山間
妙高戸隠連山国立公園
面積　39,772ha
指定日　2015年3月27日
二本木
（にほんぎ）
関山（せきやま）
第三セクター
えちごトキめき鉄道
北陸新幹線
飯山線
焼山
▲2400
妙高山
▲2454
赤倉
笹ヶ峰
妙高高原（みょうこうこうげん）
第三セクターしなの鉄道
野尻湖
黒姫山
▲2053
黒姫
（くろひめ）
古間（ふるま）
牟礼（むれ）
飯綱山
▲1917
豊野
（とよの）
長野市
三才
（さんさい）
千曲川
N
善光寺
北長野
（きたながの）
0
5
10km
長野（ながの）
環境省提供

第4章 富山地方鉄道立山線　本宮～立山間
第4章 黒部峡谷鉄道　森石～欅平間
中部山岳国立公園
面積　174,323ha
指定日　1934年12月4日
黒部川
宇奈月（うなづき）
黒薙（くろなぎ）
森石（もりいし）
笹平（ささだいら）
出平（だしだいら）
猫又（ねこまた）
黒部峡谷鉄道
鐘釣（かねつり）
小屋平（こやだいら）
欅平（けやきだいら）
白馬岳
▲2938
唐松岳
▲2696
五龍岳
▲2814
鹿島槍ヶ岳
▲2890
寺田（てらだ）
五百石（ごひゃっこく）
常願寺川
富山地方鉄道立山線
富山地方鉄道
上滝線
岩峅寺（いわくらじ）
千垣（ちがき）
有峰口（ありみねぐち）
本宮（ほんぐう）
旧芦峅寺駅
立山（たてやま）
美女平（びじょだいら）
剱岳
2998▲
室堂
（むろどう）
立山
3015▲
2872▲
浄土山
大観峰
（だいかんぼう）
黒部平（くろべだいら）
黒部湖（くろべこ）
黒部ダム（くろべだむ）
扇沢
（おうぎさわ）
黒部湖
弥陀ヶ原
野口五郎岳
▲2924
三俣蓮華岳
▲2841
槍ヶ岳
▲3180
北穂高岳
▲3106
穂高岳
3190▲
焼岳
▲2455
乗鞍岳
▲3026
N
0
5
10km
環境省提供

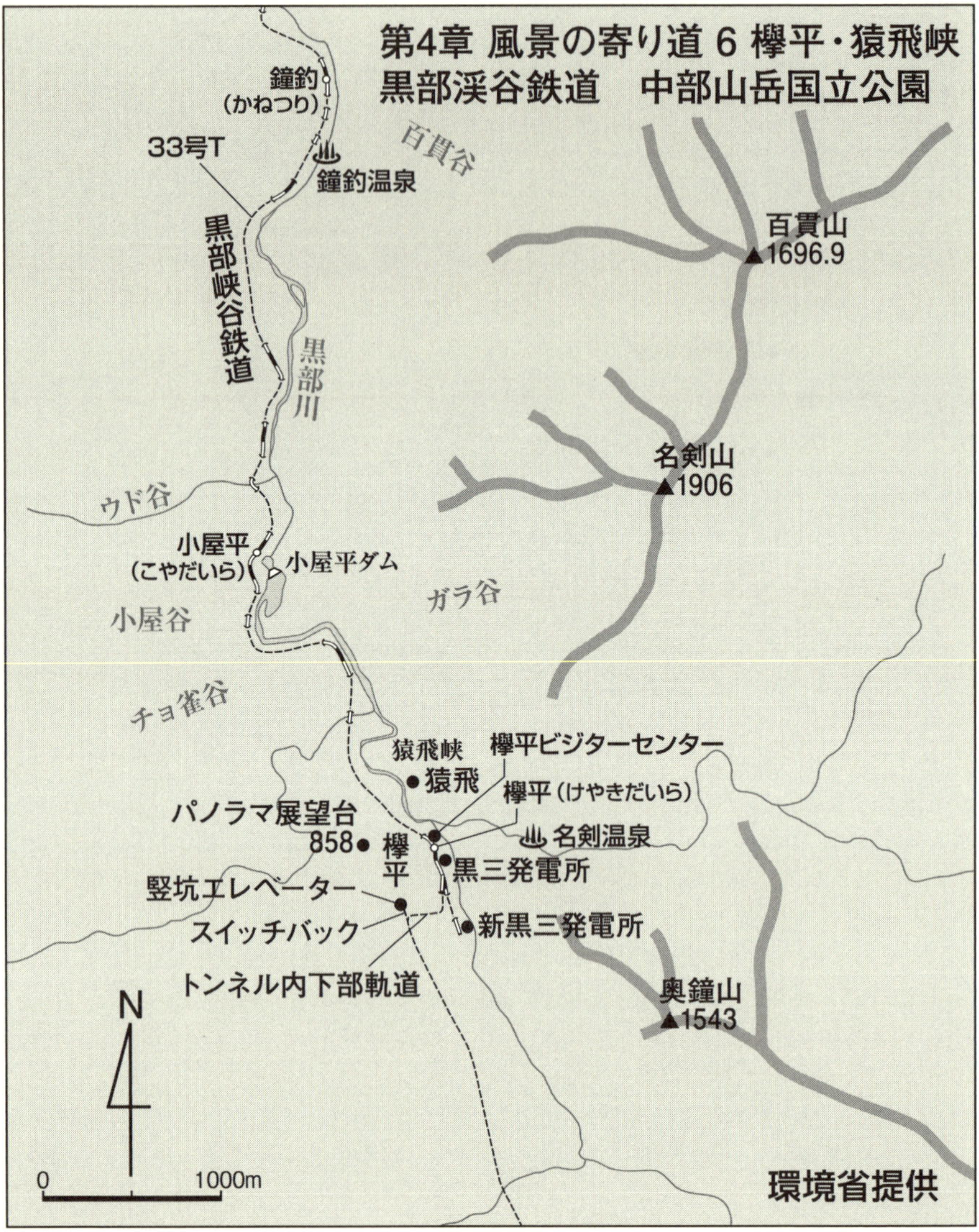

第4章 風景の寄り道 6 欅平・猿飛峡
黒部渓谷鉄道　中部山岳国立公園
鐘釣
（かねつり）
33号T
鐘釣温泉
百貫谷
百貫山
1696.9
黒部峡谷鉄道
黒部川
名剣山
1906
ウド谷
小屋平
（こやだいら）
小屋平ダム
ガラ谷
小屋谷
チョ雀谷
猿飛峡
猿飛
欅平ビジターセンター
欅平（けやきだいら）
パノラマ展望台
858
欅平
名剣温泉
黒三発電所
竪坑エレベーター
スイッチバック
新黒三発電所
トンネル内下部軌道
N
奥鐘山
1543
0
1000m
環境省提供

日本で最も海から遠い地点が存在するほど本州中央部が厚みを増す部分にあたる中部地方は、地形も複雑で自然公園密集地帯である。国立公園だけでも「富士箱根伊豆」「秩父多摩甲斐」「上信越高原」（この三区域は関東地方とも重なる）「妙高戸隠連山」「南アルプス」「中部山岳」「白山」と七か所ある。車窓風景としては多くの絶景地点が知られている。だが、主要幹線がトンネル内で国立公園内を通過する区間が多いこともあって国立公園指定区域に入り車窓間近にその風景と接することができる鉄道は次の二路線に止まっている。

富山地方鉄道立山線	本宮〜立山間	中部山岳国立公園
黒部峡谷鉄道	森石〜欅平間	中部山岳国立公園

一方、国立公園指定区域一キロまで接近する区間では秀逸な眺望路線がある。「上信越高原国立公園」の飛び地「妙高・戸隠地区」は二〇一四年度末、分離され新たに「妙高戸隠連山国立公園」となった。その一部である妙高火山麓を越える古間〜黒姫〜妙高高原〜関山の区間である。（旧信越本線、現在は妙高高原より長野側が第三セクター、しなの鉄

道、新潟側がえちごトキめき鉄道と分割運営されている)

富山地方鉄道立山線

立山黒部アルペンルートの入口にあたる、本宮〜立山間　中部山岳国立公園

「中部山岳国立公園」を貫く立山・黒部アルペンルートの一翼を担う富山地方鉄道立山線は、最終駅の立山駅の手前で中部山岳国立公園域内に入る。立山駅は国立公園利用施設の一部とみなされ中部山岳国立公園(第三種特別地区)に含まれている。一つ手前の本宮駅と立山駅の間には廃駅が二か所ある。一つは元の立山線の終着点粟巣野駅である。もう一つは旧芦峅寺駅である。この駅は炭坑のために開設された駅だったようだ。常願寺川対岸の山中にあった立山炭鉱から索道(ロープウェイ)で川を越えて廃駅となった旧芦峅寺駅まで石炭が運ばれ、列車で積み出されていた。一九五〇(昭和二五)年頃には廃鉱となり、駅もやがて廃止となった。常願寺川流域は防災や電源開発のほか、鉱業の歴史もある。か

っては、その輸送路としての役割も鉄道が担っていた。常願寺川は、終着点立山駅の手前で称名川と真川に別れ、立山線は真川の方を渡る。橋梁を通過する際巨大な礫がゴロゴロ転がる二つの河原と両河川に跨がる砂防堰堤が見える。進行方向には美女平を乗せた溶岩台地が聳え立つ。その先には名だたる絶景路線「立山黒部アルペンルート」が続く。トロリーバスやケーブルカーも鉄道の一族だから堂々たる国立公園鉄道なのだが、それらは特殊な鉄道であり、車窓よりルート途中の展望台からの眺めが主となる。また、立山駅近く、立山カルデラ砂防博物館に隣接する国土交通省立山砂防事務所から先には、一八五八（安政五）年に大規模な山崩れが発生した立山カルデラ内に、砂防工事に用いられる砂防工事専用軌道が敷設されている。こちらは鉄道ではなく工事専用軌道であるため、中部山岳国立公園指定区域内を走る鉄路であっても一般乗車はできない。

黒部峡谷鉄道

水流で穿たれた大峡谷の底を遡る、森石〜欅平間　　中部山岳国立公園

起点の宇奈月駅から終点欅平駅まで約二〇キロ、黒部川峡谷を走る黒部峡谷鉄道は二つ目の駅・森石付近から中部山岳国立公園内に入る。立山連峰と後立山連峰を分かつ急峻な峡谷地帯に電源開発のために作られた鉄道という性格上、トンネル（合計約八キロメートル）や発電所、ダムなどの人工物が多く、国立公園風景がみられる場所は限定される。そのため、絶景地点では絵付きの表示板も設置されている。（これは好い試み）

黒部峡谷を特徴づけている風景は火成岩、堆積岩からなる険しい断崖や谷の造形である。この中でも飛騨片麻岩は日本で最も古い岩石とされている。トロッコ電車は水流によって穿たれ大変古い岩盤に達した峡谷、日本列島の礎を遡っていく。一方中部山岳地帯の代表的景観の基盤である花崗岩（火成岩）の中には約八〇万年前の世界で一番新しいものも見

られるという。激しい造山運動を続けてきたこの一帯は地質も複雑な様相を呈している。さらに峡谷地帯には断層も走り、その影響か河川も急に向きを変える場所もある。このため鉄路も随所で急カーブやトンネルによる短絡コースの設定を余儀なくされる。

国立公園指定区域に入って暫く進むと鉄路は黒部川の本流を離れ、支流の黒薙川沿いを走る。欅平へ向かって右側に黒部川との合流部が見える。駅構内からカーブが始まっている黒薙駅を出ると最小曲線半径二一・五メートルの全線一の急カーブをこなした後黒薙川にかかる後曳橋を渡る。水面からの高さが六〇メートル、見下ろす渓谷の岩は鋸で挽かれたように切り込まれている。笹平と出平の間には出し平ダムがありダム湖沿いを走る。出平から猫又にかけては対岸に「出し六峰」や「ねずみ返しの岩壁」と呼ばれる険しい岩山が現れ黒部峡谷の神髄が発揮され始める。第二発電所近くの猫又駅を過ぎると黒部川の湾曲部からそそり立つ東鐘釣山が見え、その手前では天候が良ければ高峰サンナビキ山も望まれる。その後トンネルで東鐘釣山の下を潜ると鉄路は黒部川を渡る。錦繍《きんしゅう》関と呼ばれるこの付近は樹木が岸辺近くまで鬱蒼と生い茂り紅葉の名所として知られる。その後鉄路は左岸側へ移動して鐘釣駅に達する。駅下には美山温泉があり黒薙と並んで一般乗車可能な駅である。対岸から百貫谷が迫りその鋭さにひきつけられる。この駅で一三両編成の列車はホームの延長線にある側線に先頭の機関車が入り停車する。発車の際は一旦バックして本線に入り直す。風景の再確認には好都合である。鐘釣駅のあたりからは黒部川へ迫る山も緊迫感が増してくる。鐘釣から小屋平間が全行程の中で一番純度の高い自然と相対することになる。ただ全線中最も長い33号トンネル（一〇七三メートル）を始め六か所のトンネル区間があるため絶景ポイントは闇の狭間に現れることになる。因みにトンネル以外の部分は「明り区間」とも呼ばれている。小屋平駅が近付くと出入口に鉄扉が付いたトンネル（36号トンネル）が現れる。手前には西側から礫や岩が転がる荒っぽい谷が迫り来る。そこはウド谷と呼ばれ冬季凄まじい雪崩が発生する場所として知られている。この谷間では冬の運休期間中、圧雪被害防止のため線路や橋は撤去されトンネル内に格納される。小屋平駅近くには小屋平ダムがある。小屋平〜欅平間もトンネルが多い。欅平の手前、最終の41号トンネルは全線中二番目に長い。（七七七メートル）また、最大五〇パーミルに及ぶ急勾配となっている。壁の向こう側には特別天然記念物・特別名勝にも指定されている猿飛峡がある。トンネルを抜けるとまもなく第三発電所の近くの終点欅平に到着する。

風景の寄り道6　欅平・猿飛峡　黒部峡谷鉄道　中部山岳国立公園

中部山岳国立公園の直中を走る黒部峡谷鉄道は今や日本を代表する国立公園鉄道といった風格が漂っている。黒部峡谷探勝列車として大変な人気を博している。台湾阿里山森林鉄路と姉妹提携を結んだことを示すヘッドマークが誇らしげに掲げられている。鉄道ファンにとっては乗るだけでも面白い。但し数ある乗客の中には「工事現場の中を走っている感じがする」とか「所詮は電力会社の補給路線だ」といった感想をもつ人もいるかもしれない。それもやむを得ない。元来電源開発のために開削された鉄道なのだから。黒部峡谷、そこは大正末期から昭和初期にかけて、電源開発と国立公園策定が同時並行的に進められた時代、開発と保全という相入れぬまなざしが向けられた一帯なのである。終着駅の欅平から少し足を伸ばして散策するだけでも黒部峡谷の実像の一端が見えてくる。

欅平駅からビジターセンター前の広場を経て、黒部川沿いの散策道を下流へ二〇分ほど歩くと特別名勝、特別天然記念物の猿飛峡に至る。峻険な窪みに激流が迸り、岩肌に根付く木々の色彩がさえ渡る。猿が飛び渡ったといい伝えられているほど、黒部峡谷の中でも取り分け川幅が狭まった地点である。岩の割れ目の向きと断層の作用が絶妙な加減でかみあわさっているためだろう。下へ刻まれる力が強く横に広がり難い谷間である。濃やかに湾曲する両岸はダイナミックな彫琢が施されている。流れが緩やかな奥部には砕かれた白い砂がきらめいている。動と静が組み合わされている。この峡谷が地形形成の最中にあることは探索路を見ても分かる。屈曲する沢越え箇所には黒部峡谷鉄道沿いの冬季歩道に似た塹壕状の通路が設置されている。遠望するとコンクリート通路上には崩れてきた土砂や木が被さり合間から滝のように水が流れ落ちている。これからどんどん谷を削っていくのだろう。散策道管理者の心労は察して余りある。

天下の景勝地・猿飛峡もかつて水没の危機に瀕したことがあった。一九二七(昭和二)年に開発が認可された黒部川第二発電所建設工事の時、小黒部川と合流する地点(猿飛峡のすぐ川下)にダム建設が計画されたのである。さすがにこの時は富山県を始め様々な立場の人が反対運動を起こした。中でも当時国立公園を管轄する内務省衛生局の重鎮、国立公園の父と呼ばれる田村剛博士は先頭にたって行動を開始した。田村博士は、国立公園行政の中でも公園整備作業を手掛けるなど利用重視の立場であったといわれる。しかし、原生自然が現存していた黒部峡谷、とりわけ猿飛峡や十字峡がダムによって水没する危機だけはなんとしても回避しようと政界も巻き込んで風景保全運動を展開した。結果、当時の日本電力（関西電力の前身の一つ）と妥協が図られダム建設地点は一キロ下流の小屋平付近に変更され水没は回避された。激しい反対運動に直面した日本電力は自然景観に配慮しながら開発を進めることに方針転換した。それでも田村博士は内心忸怩たる思いがあったことだろう。その時分から電力会社が建設した鉄道は探勝にも活用可能なので歓迎する意見があった。事実その動きは加速して現在に至るのだが、田村博士は電力会社の輸送手段に支えられる形で国立公園利用が促進されることに懐疑の念を抱いていたようである。

大正から昭和にかけて、黒部探索草分けの時代、黒部の主といえば先駆的登山家にして十字峡の発見者でもある冠松次郎であった。現在の主は誰か。それを明言することは控えたいが、やはりこの峡谷では関西電力の存在感は桁外れに大きい。二〇一五年度からは北陸新幹線開業に併せて、関西電力と富山県が協賛する形で「欅平パノラマ新周遊ルート」が開設された。欅平は谷底にあり後立山連峰を始め中部山岳の高い連山を眺めることは出来ない。展望地点へ向かうには急な坂を登らなければならない。そこで欅平駅の先に続く関西電力下部軌道と、スイッチバックした先にある竪坑エレベーターを使い黒部の大風景を周遊してもらおうという企画である。まずは下部軌道に乗り、次にかご内に貨車も入る専用エレベーター（積載重量四・五トン）で標高六〇〇メートルの起点から二〇〇メートル上昇して、近くの竪坑展望台へ向かう。晴れていれば、手前には奥鐘山、名剣山が迫り背後には白馬槍ヶ岳から鹿島槍ヶ岳に至る大パノラマが望まれる。さらにそこから黒部第四発電所に至る上部軌道とは反対方向に向かう。第三発電所水路建設資材搬入に使用された軌道が敷かれたトンネルを辿る。そしてその出口から二〇分ほど歩いてパノラマ展望台まで散策することになる。黒部第三発電所から登ってくる送電線の下にあたる八五八メートルの展望地点からは雄大な山々と同時に眼下に小黒部川の険しい峡谷の様子も見える。但しこのツアーには予約が必要なため、多雨地帯の黒部では悪天候とぶつかることもある。このツアーに参加してみて感じたこと、それは知らず知らずの内に関西電力のペースにはまっていくということである。ヘルメット着用や指定時間厳守は安全上当然かもしれないが、移動途中の関電職員からの説明はコマーシャルめいた内容が多く、細かい質問には答えたくないという様子も見受けられた。地中の徹底的に管理された空間の中で、ツアー客は羊の群れのようにも見えた。少々息苦しさを感じる周遊行であった。

民間電力事業による開発が国の発展に多大な貢献をしたことは疑いもない事実である。

現在の黒部観光も電力会社の功績なくして考えられない。幾多の艱難辛苦と犠牲の末完成した黒部ダム建設に携わった人々は英雄となった。近年では紅白歌合戦の折黒部第四発電所で中島みゆきが熱唱したことも新たな伝説として語り継がれている。ただ、欅平や宇奈月ではあまり焦点が当てられていないと感じることがある。例えば、開発事業が大地の均衡をどれくらい揺るがせているのかという視点。あるいは昭和の初め一歩間違えば電源開発事業が取り返しのつかない景観破壊を起こしていた、ということについてである。開発によるダメージを極力少なくして優れた景観を後世に残そうと懸命に奮闘した人々の記憶がもう少し思い起こされなければ、未来の風景に歪みが生じるのではないか。

欅平で黒部川のほとりに立ちあたりを眺めてみる。物凄さ、驚異、そんな感覚が去来する風景である。そこに淡い情緒が入り込む幾許かの余地があるのかどうか。中部山岳を抉る黒部川は制御可能な相手ではなく共生する以外に選択肢はないと思わせる壮大なスケールを持ち合わせている。峻険な谷を愛本まで進んだ黒部川はそこから大きな扇状地を経て富山湾に至る。北アルプス鷲羽岳の源を発して八五キロ、道程はそこで終わらない。その先には富山深海長谷と呼ばれる水面下の峡谷が続いている。その長い谷は富山湾の北方約六〇〇キロ彼方に向かい、北緯41度線付近の日本海の海底三〇〇〇メートル付近に扇状地を造っているという。黒部川は、高低差六〇〇〇メートル、長さ七〇〇キロメートルと地球儀を俯瞰して把握可能な大河と目されている。ここ二百万年程の間に隆起の速度を増した山で削り取られた礫は波の底の深淵に移動していく。

活発な造山活動が続く黒部峡谷の風景は今まさに変化の途上にある。いつ崩れるかも知れぬ危うげな懸崖にも木々は宿る。僅かなチャンスがあれば樹木はその地を住処に変えていく。山籟《さんらい》は幽谷を駆け巡る。

しなの鉄道北しなの線
えちごトキめき鉄道（旧信越本線）

妙趣溢れる火山脈が車窓を彩る、古間〜関山間　妙高戸隠連山国立公園

長野方面から直江津に向かって車窓を眺めてみたい。長野を出て善光寺平を走ると豊野に至る。やがて飯山線と分岐して、鳥居川沿いに山懐を溯ると風景は一変する。この区間

の車窓はいつも美しい。殊に春先は印象深い。平地に雪は残っていない。霞みの野辺を遠ざかると、瞬く間に季節は後戻りする。高度を増すにつれ森間は白い斑模様となる。やがて一面雪原が広がる。僅か数キロのうちにこんなに変わるものかと思う。

古間を越えると直列する飯綱山、黒姫山、妙高火山の景観と接して走る。黒姫〜妙高高原間で、おっとりした黒姫山と荒ぶる妙高山が並び立つ光景と行き合う。なんとも妙趣溢れる取り合わせである。妙高山は嶄然と聳え立つ中央火口丘がなんといっても目立つ。それは幾世代にも亘って火山が代わる代わる活動を繰り返して形成された大規模で複雑な山体に囲まれていっそう輝きを増しているのである。

主峰の周りには赤倉山、三田原山、大倉山、神奈山、前山からなる外輪山がある。新緑の季節であれば、それらの山麓の斜面は青翠《せいすい》の樹影が大海のうねりのように横溢している。山腹の東面、つまり丁度旧信越本線の車窓から眺められる方向二か所で、大田切川と白田切川が外壁を削り火口瀬が出来ている。V字に切り込まれた外側の山肌は、中央火口丘を氷河の大断崖のように浮かび上がらせている。この壮絶な程複雑な地形が角度によって多彩に変容していく様を車窓から眺めることが出来る。関山が近付く頃には、溶岩ドームを最高峰（二四五四メートル）とする妙高火山の全体像が見渡せる。二つの火口瀬に刻まれた外輪山の大胆な地形変化と威風堂々たる中央火口丘が望まれる妙高高原〜関山間は、全国屈指の絶景区間といってよい。

ＪＲ東日本の信越本線時代は、この景勝区間を含む長野〜直江津間に、快速「妙高」という眺望を味わえる窓の広い特急車両を使った列車が運行されていた。だが、現在は二つの第三セクター会社に分割運用されている関係で、妙高山麓直通列車が残念ながらなくなってしまった。

「妙高戸隠連山国立公園」は二〇一四年度末、「上信越高原国立公園」の「妙高戸隠地区」が分離されて新しい国立公園となった。一つの国立公園を二つに分離する試みは今回が三例目となる。（日光国立公園から尾瀬が分かれ、霧島屋久国立公園も二つに切り離された）分離の正式理由は環境省自然保護局によれば、一つは「妙高地区」の場合、狭い地域に火山と非火山が密集する景観に特徴があること。今一つは雷鳥が生息するなど動植物相が先行して指定された区域とは異なることがその理由であるという。しかし、国立公園分離新設の本来の目的は、北陸新幹線開業に併せて、その地域に相応しい名称を掲げて地域振興に結び付けようとする、国、地元の意向が大きかったものとみられる。

「妙高」という景勝地域は新幹線の開通により、国立公園も、在来線も共に分割されることとなった。旧信越本線「妙高越え区間」の味わいを知るものには、運営会社の枠組みを越えて、長野～直江津間を直行する超展望列車を走らせてもらいたい、と思われる。必ずや、その列車は妙高のさらなる風景力向上に貢献をすることであろう。

コラム　国立公園鉄道の視点

妙高越え景勝路線は東西大動脈建設の補給路線としてスタートした

妙高火山は多世代型火山といわれている。約三〇万年前に活動を始め、現在は四世代目となる。外輪山が出来たのは約二万年前、その後現在の山頂を乗せた中央火口丘が形成され、その過程で何度か火砕流を発生させるマグマ型の爆発があった。最後のマグマ噴火が起きたのが今から約四二〇〇年前で、最新の火山活動は三〇〇〇年前の水蒸気爆発であったことが火山学者の研究により明らかにされている。現段階で噴火の恐れは小さいようだが、地盤崩落発生リスクは高い。

北陸新幹線開業に伴い二つの第三セクター鉄道（しなの鉄道とえちごトキめき鉄道）に

より分割されて運営されている古間〜黒姫〜妙高高原〜関山の区間。この妙高火山地帯を沿うように走る鉄路の歴史は古い。旧国鉄信越本線の直江津〜関山間（当時は直江津線と呼ばれた）は新潟県の鉄道発祥の路線で、一八八六（明治一九）年に開通した。当時、東京と京阪神を結ぶ幹線が中山道経由で企画立案されており、鉄道建設資材を直江津で陸揚げして、そこから信州へ運ぶための路線として建設が進められたのである。一八八八年の暮れには長野、上田を経由して軽井沢まで開通している。その過程で最大の難工事となったのが、妙高山麓（現在の関山〜現妙高高原間）を下る大田切川、白田切川越えの築堤工事である。いずれも妙高外輪山を切って流れる暴れ川である。この両河川は、鉄道敷設計画ルート上の台地を深く抉って本流である関川に注いでいる。その当時高価な鉄橋は作れなかったため、まず通水洞を作りその上に築堤を施工して鉄路を敷設した。特に大田切川の盛土は高さ三三メートル、長さ八〇メートルにも及んだ。完成まで一年八か月を要し、延べ三〇万人の労働力を投入して建設されたという。コレラの流行、築堤の崩壊、このような災禍による七六名もの犠牲者を伴いながら。その後もこの区間では自然災害による大小の事故が続発した。大田切川では、昭和二一年、降雪により排水溝から水が溢れ、約二〇メートルにわたって築堤が崩壊、レールが宙吊りになってそこに列車が通り掛かり脱線転覆する大事故が発生した。白田切川でも、一九七八年に妙高山腹で崩壊が起き大規模な土石流が発生した。川沿いの集落に多大な人的被害をもたらすとともに、激流は白田切川をダムでせき止めるように築かれた築堤に襲いかかった。最終的に築堤は崩壊、ここでもまた線路は宙吊りとなり、約四か月にわたって不通となった。その復旧工事の過程で築堤方式は廃され鉄橋が新設された。白田切川では一五〇〇年前にも、もっと大きな土石流が発生したことが知られている。妙高の地形発達の経緯を考えると今後も土石流は繰り返しやってくるはずだ。優れた景勝路線はやはり自然災害と隣合わせの環境下に置かれている。この区間は東西を結ぶ幹線であったが故に国策で維持管理され、災害が起こる度に復旧されてきた。近代という時代は、このような地形障害地帯に鉄路を拓くことによって発展した。同時に脅威となった自然に景勝としての価値を見いだすことも忘れなかった。二〇一五年三月、妙高越えの（長野～直江津間）区間は、北陸新幹線開業と同時に観光や地域間輸送を主眼とした地方路線となり第三セクター化された。経営基盤が必ずしも磐石とはいえない運営会社に「今後災害が発生した時の復旧費用をどう工面するのか」という重い課題がつきつけられることになった。

第5章　近畿地方

紀勢本線　　波田須付近

第6章 山陰本線　玄武洞～福部間

山陰海岸国立公園

面積　8,783ha

指定日　1963年7月15日

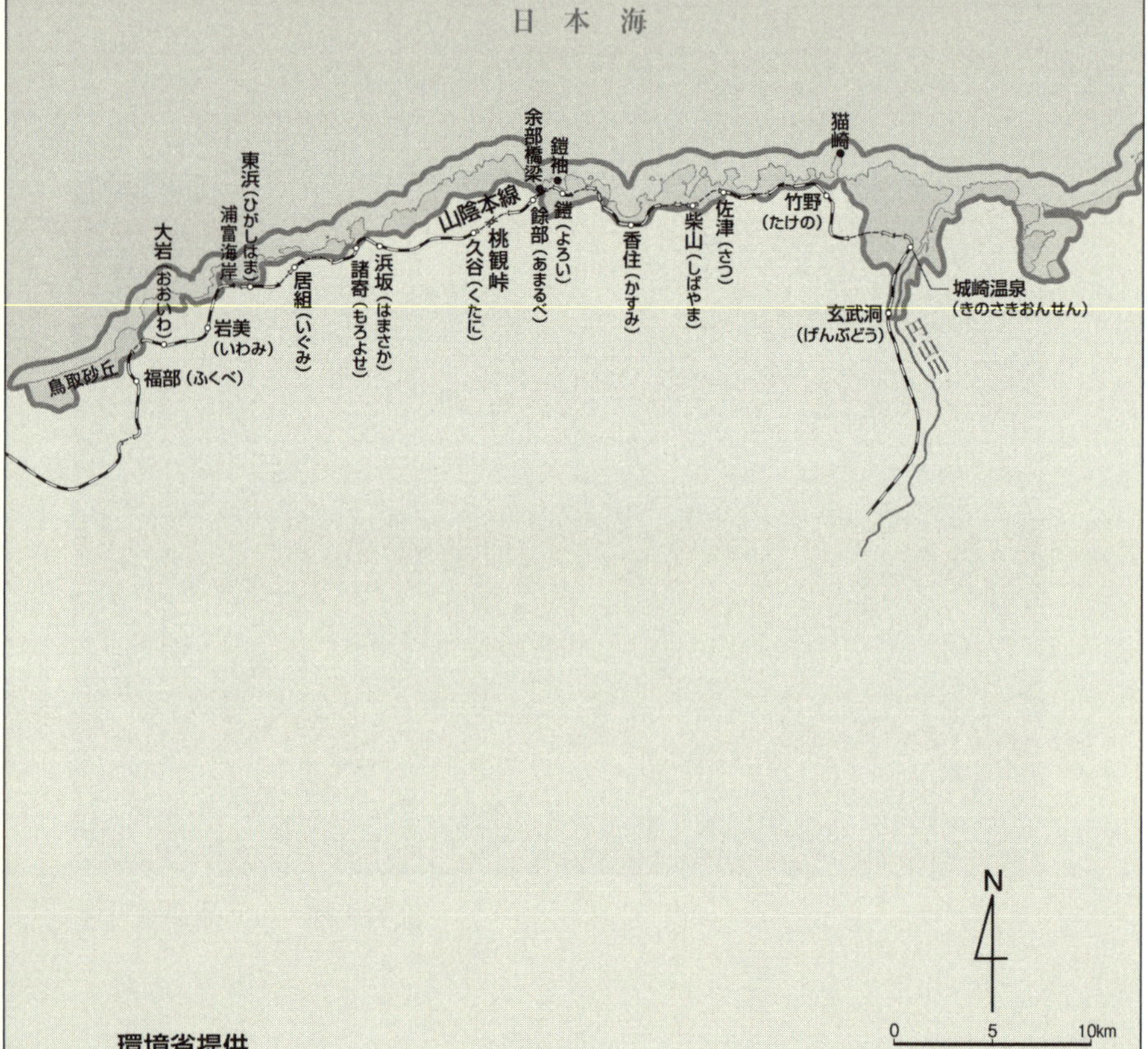

環境省提供

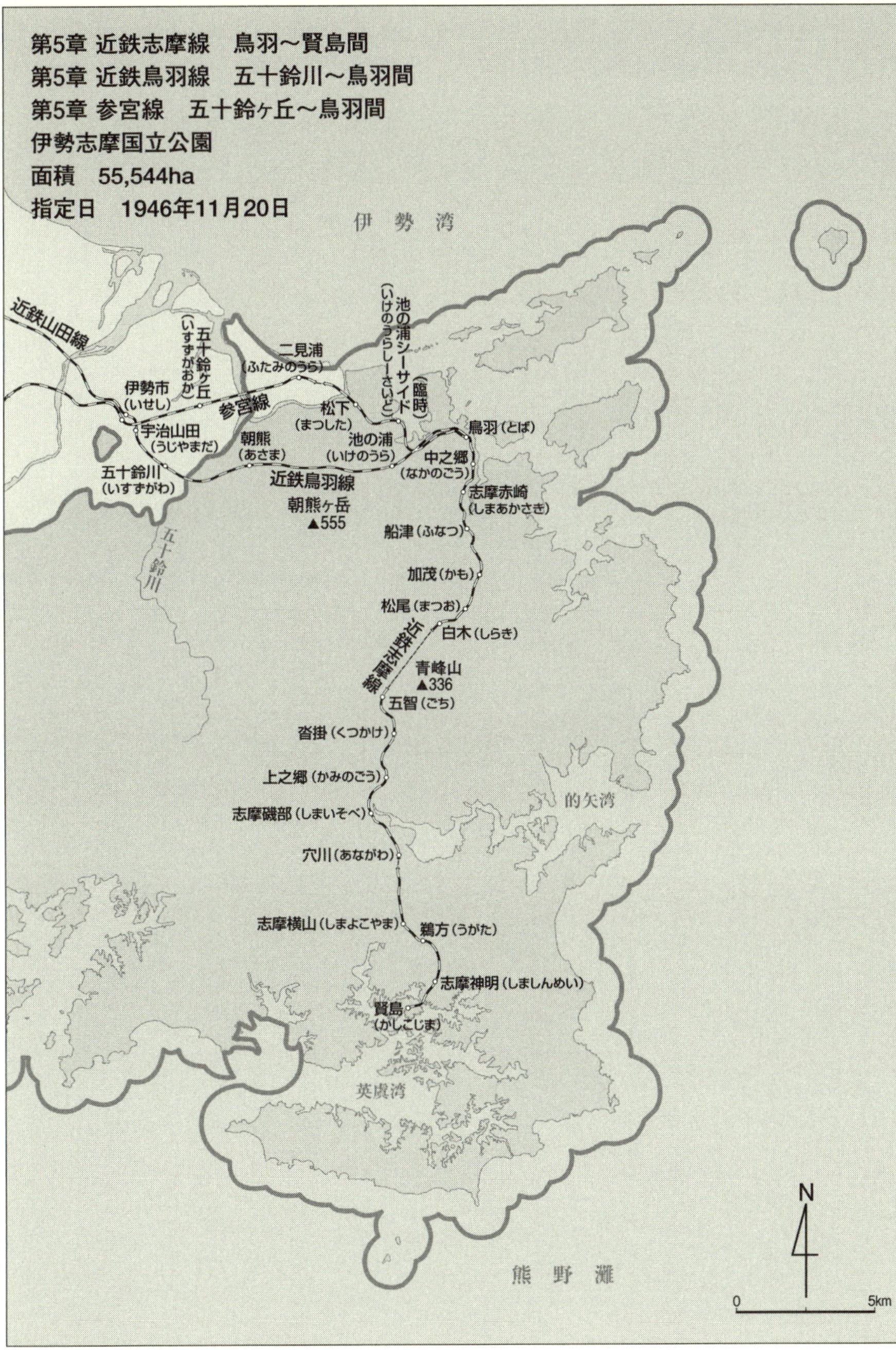
第5章 近鉄志摩線　鳥羽〜賢島間
第5章 近鉄鳥羽線　五十鈴川〜鳥羽間
第5章 参宮線　五十鈴ヶ丘〜鳥羽間
伊勢志摩国立公園
面積　55,544ha
指定日　1946年11月20日
伊勢湾
近鉄山田線
五十鈴ヶ丘（いすずがおか）
二見浦（ふたみのうら）
池の浦シーサイド（いけのうらしーさいど）（臨時）
伊勢市（いせし）
参宮線
松下（まつした）
宇治山田（うじやまだ）
朝熊（あさま）
池の浦（いけのうら）
鳥羽（とば）
中之郷（なかのごう）
五十鈴川（いすずがわ）
近鉄鳥羽線
志摩赤崎（しまあかさき）
朝熊ヶ岳
▲555
五十鈴川
船津（ふなつ）
加茂（かも）
松尾（まつお）
白木（しらき）
近鉄志摩線
青峰山
▲336
五智（ごち）
沓掛（くつかけ）
上之郷（かみのごう）
的矢湾
志摩磯部（しまいそべ）
穴川（あながわ）
志摩横山（しまよこやま）
鵜方（うがた）
志摩神明（しましんめい）
賢島（かしこじま）
英虞湾
N
熊野灘
0
5km

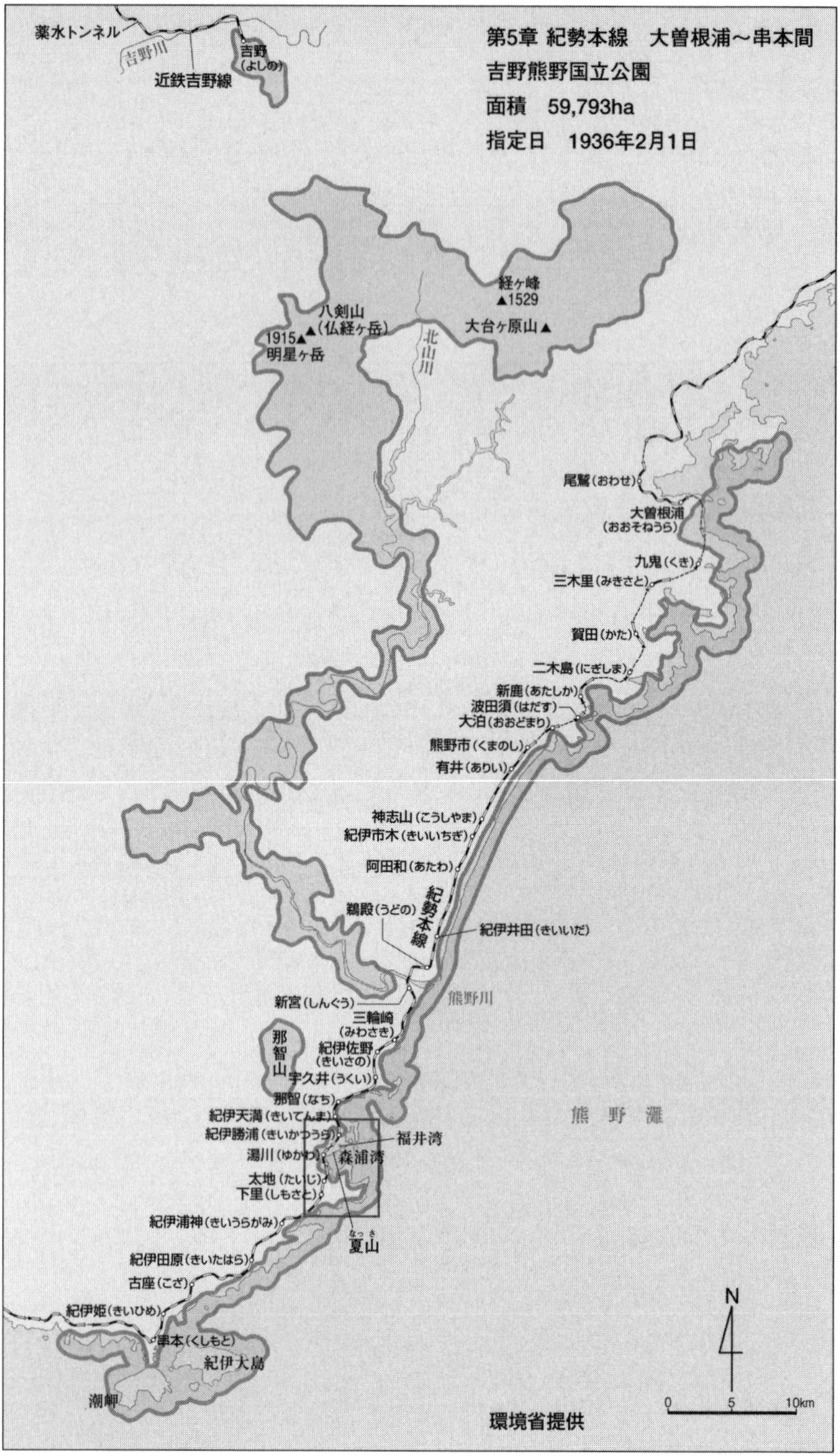
第5章 紀勢本線 大曽根浦〜串本間
吉野熊野国立公園
面積 59,793ha
指定日 1936年2月1日
薬水トンネル
吉野川
吉野（よしの）
近鉄吉野線
経ヶ峰
▲1529
八剣山（仏経ヶ岳）
1915▲
明星ヶ岳
大台ヶ原山▲
北山川
尾鷲（おわせ）
大曽根浦（おおそねうら）
九鬼（くき）
三木里（みきさと）
賀田（かた）
二木島（にぎしま）
新鹿（あたしか）
波田須（はだす）
大泊（おおどまり）
熊野市（くまのし）
有井（ありい）
神志山（こうしやま）
紀伊市木（きいいちぎ）
阿田和（あたわ）
紀勢本線
鵜殿（うどの）
紀伊井田（きいいだ）
熊野川
新宮（しんぐう）
三輪崎（みわさき）
紀伊佐野（きいさの）
那智山
宇久井（うくい）
那智（なち）
紀伊天満（きいてんま）
紀伊勝浦（きいかつうら）
福井湾
湯川（ゆかわ）
森浦湾
太地（たいじ）
下里（しもさと）
熊野灘
紀伊浦神（きいうらがみ）
夏山
紀伊田原（きいたはら）
古座（こざ）
紀伊姫（きいひめ）
串本（くしもと）
紀伊大島
潮岬
N
0 5 10km
環境省提供

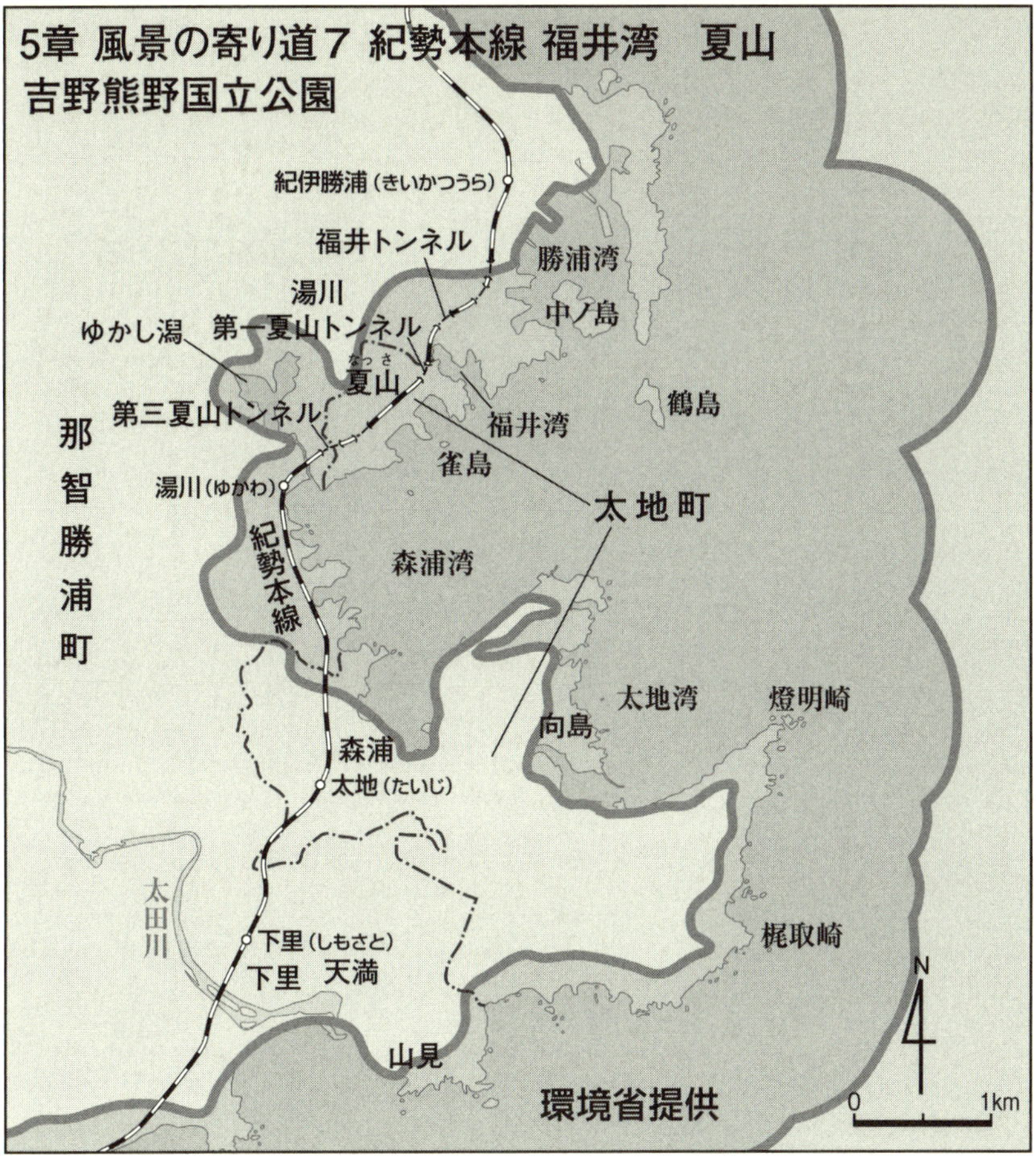
5章 風景の寄り道7 紀勢本線 福井湾　夏山
吉野熊野国立公園
紀伊勝浦（きいかつうら）
福井トンネル
勝浦湾
湯川
中ノ島
ゆかし潟
第一夏山トンネル
夏山《なっさ》
鶴島
第三夏山トンネル
福井湾
那智勝浦町
雀島
湯川（ゆかわ）
太地町
紀勢本線
森浦湾
太地湾
燈明崎
向島
森浦
太地（たいじ）
太田川
下里（しもさと）
下里
天満
梶取崎
N
山見
環境省提供
0
1km

近畿地方で、トンネル内通過区間を除いて国立公園内に入る区間は次の通りである。

近鉄吉野線	上市〜吉野間	吉野熊野国立公園
参宮線	五十鈴ヶ丘〜鳥羽間	伊勢志摩国立公園
近鉄鳥羽線	五十鈴川〜鳥羽間	伊勢志摩国立公園
近鉄志摩線	鳥羽〜賢島間	伊勢志摩国立公園
山陰本線	玄武洞〜福部間	山陰海岸国立公園
紀勢本線	大曽根浦〜串本間	吉野熊野国立公園

この他山陽新幹線は、新六甲駅と六甲トンネルの間で瀬戸内海国立公園指定区域を数百メートル通過する。北近畿タンゴ鉄道は夕日ヶ浦木津温泉（旧木津温泉）〜久美浜間で山陰海岸国立公園の丹後砂丘や久美浜湾区域に接して走る。かぶと山駅〜久美浜駅で川上谷川沿いから久美浜湾に被さるように兜山（一九二メートル）が望まれる箇所は趣がある。

近鉄吉野線

ゆかしげな吉野の風情に包まれる、吉野口〜上市〜吉野間　吉野熊野国立公園

橿原神宮から吉野までの約二五キロを走る近鉄吉野線は吉野熊野国立公園へ通じている。国立公園指定区域に入るのは、最終駅直前の僅かな区間に過ぎないが、吉野口駅を過ぎ、金剛山の雄大な山並みに見送られつつ薬水トンネルを抜け木々の狭間をしずしずと吉野川の谷へ降りて行くとゆかしげな風景が待ち受けている。下市駅に着くと正面にいくつかのピークを連ねる吉野の山が見える。越部駅付近では吉野川の流れに迫り、次のかつての終着駅であった六田《むだ》駅には大層な操車場や昔のホームが残っている。六田前後の直線区間では、先頭から鋭峰が見えることがある。高見山地と伊勢・大和国境を南北に仕切る台高山地の要にあたる高見山（一二四八メートル）である。「柳の渡し」として知られたかつての渡船場を下手に眺めつつ大和上市駅に達する。駅手前のトンネル上には秘事がこめられ

たような小径が通じる竹林があり、駅前広場からは吉野山中に金峰山寺蔵王堂の檜皮葺き屋根が望まれる。駅構内から半径一六〇メートルの急カーブが始まり、曲がり終えると吉野川を越えるトラス橋へ差し掛かる。清流を渡ると吉野神宮駅に着く。ここから山に分け入り迫り来る樹木に囲まれて斜面を登りきると終点吉野駅に着く。春には杉の木立ちの間に彩霞が湧き上がる情景を駅から目の当たりに出来る。

参宮線

最奥部の入江を渡る区間がある、五十鈴ヶ丘〜鳥羽間　伊勢志摩国立公園

五十鈴ヶ丘駅を発ち五十鈴川を渡ると国立公園内に入る。橋梁に達すると緩やかな流れの水面の向こうに朝熊ヶ岳が望まれる。池の浦シーサイドからは海辺を走り、南に方向を転じると三〇〇メートル程海中に敷かれた鉄路を進む。幾つもの島々を経て溺れ谷の最奥部に導かれた志摩の海と接して走る区間である。

近鉄鳥羽線・志摩線

日本一民有地が多い国立公園内を行く、五十鈴川〜鳥羽〜賢島間

伊勢志摩国立公園

伊勢志摩国立公園内を通っているが、近鉄線沿線から国立公園風景を見つけるのはなかなか難しい。この国立公園は全国一民有地（九六パーセント）が多い。鳥羽線は五十鈴川を渡り鳥羽方面へ進むと国立公園内に入る。朝熊駅と伊勢と志摩の国境のトンネルまで朝熊の谷を進む区間では朝熊ヶ岳山麓の森の色彩が車窓に溢れる。志摩線内の車窓風景、恐らく世界でもこれほど人家や田畑のある国立公園風景は他にはないだろう。海が見える区間もごく僅かである。それだけに、五地〜沓掛駅間の野川が湾曲する地点から眺める青峰山の姿は印象深い。志摩線内では例外的な、自然美が車窓に広がる区間である。

山陰本線

碧峰と美しい岩肌の海辺が次々に出現する、玄武洞〜福部間

山陰海岸国立公園

兵庫県、豊岡の北隣の駅、玄武洞まで進むと山陰海岸国立公園指定区域と接し、やがて指定区域内に入る。日本海へ続く細長い入江のような円山川の対岸に玄武洞が望まれる。鉄路はやがて城崎温泉の市街地に入る。城崎温泉駅を発ち温泉街を流れる柳並木のある大渓川を渡ると、段々斜面を駆け上がりながら西に方向を転じ、三か所のトンネルを潜り、最後の芦谷トンネルを抜けると一旦国立公園外に出てやがて竹野川と出会い北上する。竹野駅に向かう途中こんもりと三つのこぶを連ねた鬱蒼とした山が見える。水田の果てに控える里山のように見える翠嶂《すいほう》は絶海に突き出た小半島、山陰海岸国立公園の特別保護地区「猫崎」である。

竹野を出て「休暇村竹野海岸」のある小山をトンネルで抜けると、京都から谷あいや盆地を通り抜けてきた山陰本線の車窓に初めて海景色が現れる。小さな岬と入江をみはるかすなかなかの絶景地点である。これから香住まで小半島と入江が交互に現れる地形帯を進むことになる。半島の一番険しい部分はトンネルとなり、坂を下りきったところで海が見える。山陰海岸国立公園内を走る区間の核心地域は香住～餘部間にある。香住駅を発ち、矢田川を越えて山中に向かい虫尾トンネルを抜けるとやがて国立公園内に入る。三つ目のトンネルを抜けると山陰海岸国立公園の景勝地、「香住海岸」の崖上に達する。トンネルを出てしばらくすると、小さな谷間の向こうに磯浜が見え、切り通しを抜けると展望が開ける。正面右手に兄弟赤島が荒海に立ち並び、左手には名勝鎧袖に続く豪快な断崖が続く。山陰海岸国立公園は濃やかに変化する地質が描く多様な岩の色彩に特色があるが、この香住～鎧間の風景にはその特質がよく現れている。

やがて仕立トンネルという一キロ以上もあるトンネルに入る。そこを抜けるとまた絶景が待ち受けている。鎧駅である。翠影を積み重ねる山の間は青碧の潮で満たされ、水畔の岩肌は天光に磨かれている。最奥の僅かな狭間に黒瓦の家並みが密集している。そんな風景を見渡せる展望台の要素を兼ね備えた駅である。ここは山陰本線中最高の、全国でも有数の車窓絶景地点といってよい。駅の標高は約四〇メートル、車内からもその風景の一端に触れることができるが、できれば途中下車してみたい。

この区間最後の展望地点は余部橋梁である。鎧駅を発ち、四つのトンネルを抜けるといきなり中空に放たれたように谷間を越える。鎧〜餘部間の最長のトンネルとなる於井呂トンネルを抜け、次の小さなトンネルを抜けると雪覆いの合間から海が見え、展望地点接近の予告がなされる。鉄橋に達した段階で国立公園指定区域は出るのだが、海草が繁茂する様子が窺えるほど透き通った海と岩石美を連ねる海蝕崖を望むこの橋梁区間は国立公園眺望地点として申し分のない資質をもっている。二〇一〇年まで使われていた、山陰線の名所・トレッスル橋は今、餘部駅に隣接する一部が展望台（余部鉄橋空の駅）として保存され、こちらも味わい深い眺望地点となっている。

紀勢本線

海岸風景の宝庫、大曽根浦〜串本間　吉野熊野国立公園

紀勢本線は、本邦有数の多雨地帯、大台ヶ原山系の南東側の海岸にある尾鷲市の大曽根浦から串本まで吉野熊野国立公園の海岸地帯に設定された区間に何回か出入りする。険しい地形が続く尾鷲から木本（現熊野市駅）の間は紀勢本線の中でも最も開通が遅れた区間であり、全線開通に至ったのは一九五九（昭和三四）年である。紀勢本線が国立公園に出入りしながら走る区間は風景の宝庫である。大曽根浦〜九鬼の間は急峻な山が海岸に迫る地形であるためトンネルが多いが、合間から海岸風景が見える区間がある。二木島のこぢんまりした入江、白い砂浜のある新鹿《あたしか》海岸、熊野の豊穣の森がそのまま海に迫り出したような波田須の小半島などは季節を問わず印象に残る風景である。波田須駅は尾鷲〜熊野市間の駅の中では一番標高が高い海抜二四メートルの位置にある。荒磯の入江からやや遠ざ

かった場所に駅があり、野生の香気漂う山々に囲まれた古風な農村に通じる道からは、ところどころ美しい熊野の海が見える。その道は、悠遠な熊野古道、「波田須の道」としても知られ、熊野の古きよき残照と巡り合える散策地でもある。

熊野市から鵜殿にかけては七里御浜に沿って走るが海からは少し遠ざかる。新宮〜三輪崎まで進むと王子ヶ浜に沿って進む。岬の部分はトンネルで抜ける。岬と浜が順番に現れる景色となる。洞門などもみられ天然の造形も見られる。宇久井〜那智〜天満にかけては那智湾を巡る。宇久井〜那智間では、狗子《くじ》の浦や赤色海岸で道路よりも海側を走る。「ワイドビュー南紀」の先頭車両に乗った時など窓一面に海の情緒が迫り寄せる。紀伊勝浦から太地にかけては九か所の小さな入江を見ることが出来る。那智勝浦駅から串本方向に向かってスタートすると三つ目の福井トンネルを抜けた時小さな入江が現れる。ここは隔絶された静謐な車窓絶景ポイントである。津波警戒地点を表す標識もある。この福井湾の中頃から第三夏山トンネルの間まで一旦那智勝浦町を抜けて太地町の飛び地「夏山《なっさ》」に入る。次の第一夏山トンネルを抜けると茂みの向こうに森浦湾が望まれる。暫く走ると熱帯植物園のような敷地も現れ、第三夏山トンネルを抜けると再び那智勝浦町の湯川地区へ入る。全国の鉄道路線の中でも、自治体の飛び地に入り（駅はないが）そこが国立公園指定区域と重なっている区間はこの紀勢本線・紀伊勝浦～湯川間ただ一か所である。湯川駅から見える海岸も美しい。下里～紀伊浦神駅間の入江・玉ノ浦、そして紀伊田原～古座駅間の荒磯浜が続く田原海岸は名高い車窓絶景地点である。特急「くろしお」の車内放送でも紹介されるこの二つの絶景区間は片や波静かな入江、片や豪快な岩礁地帯である。静と動の対照的な風景が近接して現れ、さらにある程度長い時間風光地に沿って道路より海側を走るため余計に味わい深い。田原海岸では、潮の干満のタイミングで磯辺に珊瑚礁のような潮間帯が出現する時もある。紀伊姫～串本の間では天然記念物橋杭岩も見える。

風景の寄り道7　福井湾・夏山《なっさ》　紀勢本線　吉野熊野国立公園

紀勢本線・紀伊勝浦～湯川間、福井トンネルと第一夏山トンネルの間に現れる入江（地元では福井湾と呼ばれる）は、車窓にほんの一瞬映るだけだがなんとも印象に残る風景である。地図にもその地名は表記されていない、（公図には大字湯川字福井と記載されている）陸側に人跡の見当たらない静かな入江である。奥部は山林となっており今は積極的に利用されている気配がない。この福井湾と隣の夏山に寄り道をしてみた。

福井湾は奥で二つに分かれている。西側の入江の奥まった海岸線上に紀勢本線の線路が敷かれている。東側の入江の奥には温泉が湧きいで、そこには由緒ありそうなホテルが建てられている。庭先に大分摩滅が進んだ石碑がある。昭和一六年五月、梨本宮伊都子妃が巡遊の折宿泊したことが記されている。鍋島家の血筋を引き、明治、大正、昭和と戦争の度に変貌する日本を上流階級の視点から見つめてきたこの興味深い人物は、日米開戦前夜、都会の喧騒から一時離れ静養の地としてこの地にしばらく滞在したようだ。

今回は戦前アンシャンレジームも利用した山荘の跡地に立つホテル（ホテルなぎさや）に泊まることにした。特別な気分に浸ろうなどという了見はない。紀勢本線の車窓から一瞬みえる静謐な入江を訪ねたかったからだ。そこへ向かう公式な道はない。誰に聞いても到達は困難という。だが「ホテルなぎさや」からなら岸伝いに行ける、と見た。

干潮の時間を狙って歩く。ホテルから小半島を巡ると奥の湾が望まれた。そこに紀勢本線の電線が見えたときには感激した。だが、途中急な岩場が連なり危険な箇所はある。時折海水に浸りそうになりながら慎重に進む。ついに目標であった鉄路の土手の下へ到達した。山には荒れている箇所もあったが全体的には娟雅《えんが》な雰囲気に包まれている。荒波もここまではめったに到達しないのか、木々が海面近くまで密生している。入江は深緑の影を溶け込ませ特有の青さに満たされていた。他に誰も人はいない。プライベートな風景地と呼ぶに相応しい。突然轟音が山峡に谺する。青色の列車が翠嵐を駆け抜けた。向かう先に「岩屋トンネル」と表示された鉄道用とは別のトンネル出口が見えた。その下に橋脚の基礎があるが、周りは樹木が生い茂っている。鉄道と並行して道路建設が進められ中断されたようだ。静寂の入江を仕切る山に風穴が開けられ、放置されている。

あくる日は太地町の飛び地「夏山《なっさ》」を訪ねた。夏山も福井湾同様、賑やかな勝浦温泉と隣合わせた地に静かな景勝が温存されている。この一帯、熊野の海岸は一九三六（昭和一一）年、吉野熊野国立公園の指定区域となった。佐藤春夫が命名したゆかし潟の付近で国道42号線から分かれ県道２３６号線に入り東側の山中に向かう。トンネルを抜けると青い海が見える。夏山の海岸は間近の雀島に向かって磯浜が伸び、入江とはひと味違った開放的な風情がある。沖合に名勝・紀の松島も遠望できる。冴えわたる水面のゆらぎに鶴島が浮かんで見える。遠い夏の日、その島の洞門を船で潜り抜けたことを思い起した。

わが国の古式捕鯨発祥の地として知られる太地町は面積五・八一平方キロメートル（人口約三一〇〇人）と和歌山県で一番小さい町で、陸域は那智勝浦町に囲まれている。加えてその中に夏山という小字が孤島のように飛び地として存在している。なぜ夏山が飛び地となっているのだろうか。そこに太地の過去の記憶が秘められているからだ。古式捕鯨を開始した和田一族はもともと鎌倉武士で一二一三年に起こった和田合戦の折、執権北条家との戦いに敗れ、生き残った義秀一党がこの地に漂着した場所と伝えられているのだ。もっともこの和田（朝比奈）義秀という武将は朝鮮半島に流れ着いたという説もあるので、真偽の程は定かではない。但し、鎌倉の権力闘争に敗れた残党が夏山を亡命避難場所に定め、その後対岸の太地に勢力を拡大したことは考えられない話ではない。この時、北条氏の施政権はまだ完全に西国までは及んでいなかった。夏山は三方を一〇〇メートル前後の山に囲まれ前面だけが海で、丁度鎌倉をコンパクトにしたような地形である。海上を逃走中、軍事的観点も踏まえ、この地を再興の地として選んだ可能性はある。いずれにしても、中世は熊野水軍の一部隊として、一六〇六（慶長一一）年以降は鯨方として太地で活躍した和田一族の本拠地で、夏の漁閑期には農業や山仕事の場に活用するなど、地域生活を継続する上で必要不可欠な土地であり続けたのだ。太地と夏山の地縁関係は近世、近代を経て現代まで継続することになる。そのため今も飛び地として太地町に止まっているということだ。もっとも船が移動手段であった時代は一衣帯水の関係であったが、道路と車が主たる交通アクセスとなった現在は、勝浦の生活圏に組み込まれている形である。夏山の子供たちも越境して勝浦の小中学校に通っている。

三方を山に囲まれ、海路太地と結びついていた夏山に一九三五（昭和一〇）年、鉄路が拓かれた。というよりも、紀勢本線（当時の紀勢中線）が紀伊勝浦から下里まで延伸した時、そのコース上にあたった、というべきか。紀勢本線の線路は集落を分断する形で敷設された。集落戸数は現在一二軒程度。当時も住民が少なかったためか駅は開設されなかった。見返りに停車場くらい設置してもよかったのに、と感じる。当時の国鉄から住民に対する便宜供与は「時刻表」配布であった。住民は列車の通らない時間を時刻表で確認して、となりの湯川駅まで鉄路を歩き、そこで列車に乗ったそうだ。その距離約八〇〇メートル、途中には第三夏山トンネル（一二〇メートル）や二河橋梁（八七メートル）もある。現在の安全感覚では信じられないかもしれないが、周囲を山で囲まれ、外部と通ずる陸路は山道しかない当時の状況ではそれでも大幅に時間が短縮されたわけで、全く利益が還元されなかった、というわけでもないのだ。現在は和歌山県道236号線が山をトンネルで貫通して国道42線へ通じるようになった。格段に利便性は向上した。その県道236号線を、夏山から勝浦市街地へ直結させる計画が立てられ、夏山東端の山を潜る岩屋トンネルが作られた。だが二〇〇一年、一連の小泉改革で無駄な公共事業と判定され建設は中止された。山を貫通して到達した福井湾の手前で建設は止まった。今後も再開される見通しはない。そのトンネルの入口は柵で閉鎖されている。だが入ろうと思えばなんとか入れる。風の通り道となっている暗い内部を抜けると燦々《さんさん》と赫く福井湾の視界が突如開ける。好い展望台だ。

地元の人にとっては、鉄道から冷遇され道路からも見放された形である。もっとも今の道路のままでもそれほど不便というわけでもない。結果的に静かな環境は残された。夏山地区では水道水源も限られているので大規模な観光開発もできない。こぢんまりした温泉宿が一軒あるだけだ。海岸の岩場には透明な水がたたえられ、目前に紀の松島や太地の本浦が望まれる。海岸は風光明媚、そのものである。そしてあまり知られた風景地ではないから訪れる人が少ない。福井湾も夏山もそこに魅力がある。この地は、歴史的に眺めても中央の煩わしさ、騒々しさ、危うさから距離を置きたいと思う人から価値が見いだされた別天地のように思われる。県道236号線が全通して夏山がこれ以上那智勝浦の一角に組み込まれる事態が避けられたことに安堵した太地住民は少なくなかったことだろう。

コラム　国立公園鉄道の視点

国立公園発足時の面影漂う近鉄吉野線

　近鉄吉野線の前身は吉野鉄道である。明治期から開設計画があり、その発起人の一人が吉野の山林王にして自由民権運動の支援者でもあった土倉庄三郎であった。初代吉野鉄道は資金難で一旦解散に追い込まれるのだが、一九一〇年に施行された軽便鉄道法が追い風となり新たな吉野鉄道として一九一二年（大正一）に開業した。開通当初は木材運搬線の役割も受け持っていた。林業の発展のためには、輸送路の確保が肝要という強い信念をもっていた土倉庄三郎は吉野山にも大きな貢献があったことが伝えられている。

　吉野の先には蒼茫たる山々が幽微の彼方に連なっている。国立公園に指定され世界遺産にも登録され厳格な保全活動が行われている吉野山だが、幕末から明治にかけて大変荒廃した時期があった。この時なんと吉野の桜が薪にされそうになったことがあった。桜（シロヤマザクラ）は吉野の象徴である。それは役行者《えんのぎょうじゃ》が蔵王権現像を桜の木に描いた伝説に由来して、決して侵されることのない神木と崇められる存在であったはずだ。千数百年の歳月の中、幾多の寄贈、保護により現在三万本（六万本ともいわれる）の桜が春の山を艶やかに彩る。そうした御霊が宿る木々ですら、時代によっては薪、つまり実用的資源とみなされてしまうのである。この話を聞いた、往時の青年林業家土倉庄三郎は全山の桜を買い取る形で伐採の危機から救ったという。（「森と近代日本を動かした男」田中淳夫著洋泉社）目先の実利が優先され、人工林となっていたら、近年の林業衰退の煽りを受け荒れ山になった可能性がある。国立公園や歴史遺産の価値は減退していたことであろう。

吉野に限らずその時代、日本各地の山は荒廃していた。日本史上最大の山林荒廃期との指摘もある。この要因は何か。それは木材需要の高まりによる乱伐、人口増加に伴うエネルギー源としての入会地の木々の過剰使用、火山活動、地震、大山崩れといった自然災害による荒廃、製塩、たたら製鉄による山全体の破壊、といったことが考えられる。地域によって事情は異なるが、このようなことが複合的に重なった地域の山村や農村は荒れた。地域に暮らしに窮した人々は流民と化した。農民の階層分化による社会の不安定化が幕藩体制崩壊の一因になったであろうことは想像に難くない。外圧だけが明治維新の原因ではなかったはずだ。近代国家が成立すると、近代林業を学んだ優秀な人材が政府の全面的な支援のもと森の再生に取り組むことになる。一方、近代国家建設のため木材需要はいっそう増大して、明治時代初期までは斧が入れられることがなかった奥山の原生林まで伐採の対象となっていく。国立公園は荒廃した国土の再生と乱伐の脅威に晒された原生自然残存地帯の保全が課題となった時代に誕生したのである。ただ公園運営には、営林事業や観光による開発と自然環境や景観の保全は両立する、という理念が反映されていた。本来激しく対立するはずの開発と保全について、当初から様々な妥協が図られた。だから本家アメリカの国立公園のように人がいっさい手を入れることを許さない形式ではなく、適宜人間の関与が必要とされたのである。すべての国民が利用できるために、あるいは外国人観光客の誘致のために、交通の整備や宿泊場所建設も進められた。この流れの中で鉄道は登場する。国立公園指定地域が公表されると頻繁に鉄道開設の話が持ち上がった。わが国に於いては鉄道と国立公園は当初から相反する存在ではなく親和性もあったのだ。近鉄吉野線にはどことなくその時代の面影が残されている。

第6章　中国・四国地方

予讃線　　下宇和〜立間間

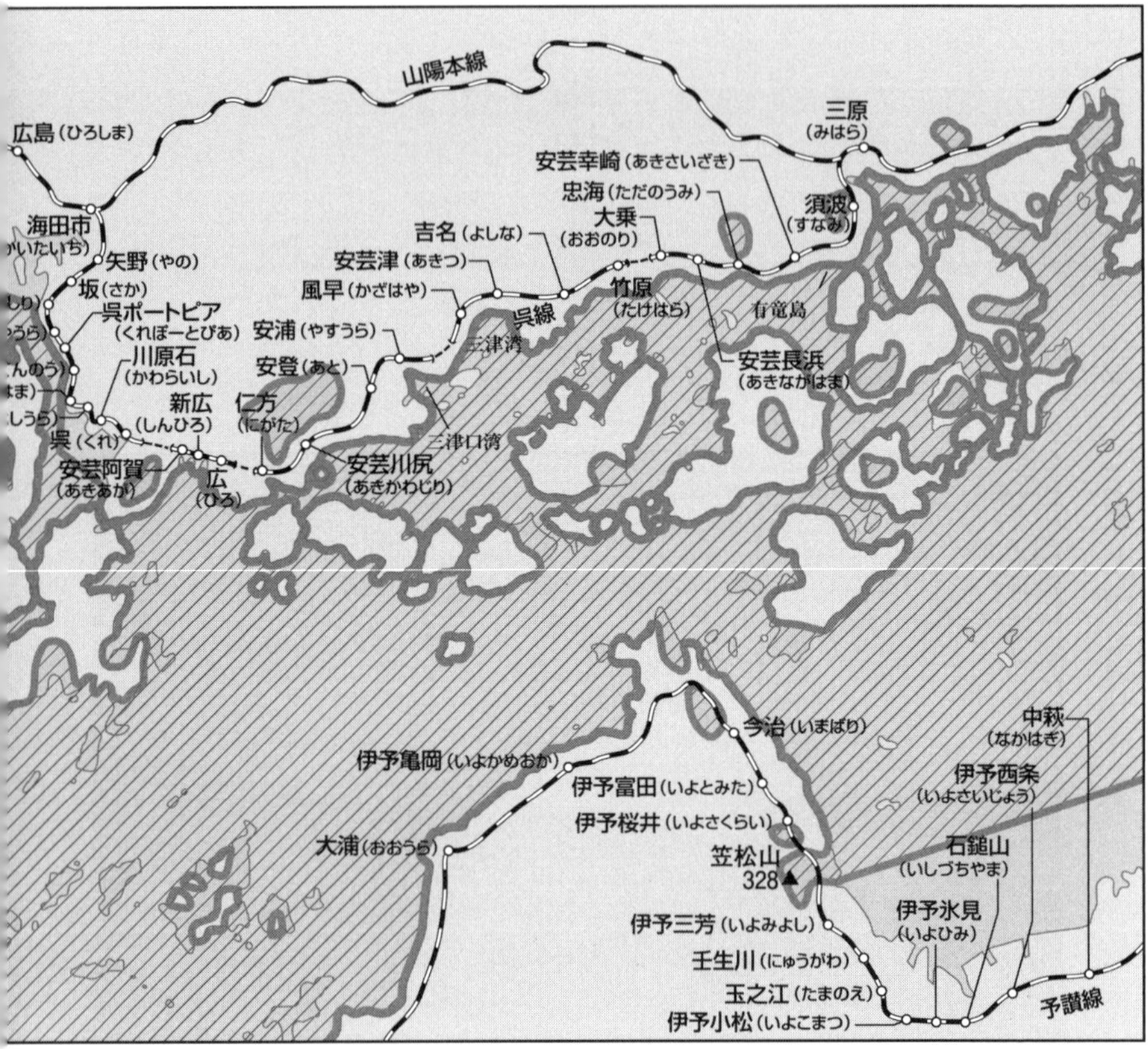
山陽本線
広島（ひろしま）
三原
（みはら）
安芸幸崎（あきさいざき）
忠海（ただのうみ）
須波
（すなみ）
海田市
かいたいち）
吉名（よしな）
大乗
（おおのり）
矢野（やの）
安芸津（あきつ）
坂（さか）
風早（かざはや）
竹原
（たけはら）
呉ポートピア
（くれぽーとぴあ）
呉線
有竜島
安浦（やすうら）
三津湾
川原石
（かわらいしし）
安登（あと）
安芸長浜
（あきながはま）
新広
（しんひろ）
仁方
（にがた）
呉（くれ）
三津口湾
安芸阿賀
（あきあか）
広
（ひろ）
安芸川尻
（あきかわじり）
今治（いまばり）
中萩
（なかはぎ）
伊予亀岡（いよかめおか）
伊予富田（いよとみた）
伊予西条
（いよさいじょう）
伊予桜井（いよさくらい）
大浦（おおうら）
笠松山
328
石鎚山
（いしづちやま）
伊予氷見
（いよひみ）
伊予三芳（いよみよし）
壬生川（にゅうがわ）
玉之江（たまのえ）
予讃線
伊予小松（いよこまつ）

第6章 予讃線　伊予三芳〜伊予桜井間
第6章 呉線　三原〜坂間
第6章 山陽本線　広島〜富海間
瀬戸内海国立公園
面積　66,934ha
指定日　1934年3月16日
N
0
10
20km
宮島口（みやじまぐち）
玖波（くば）
大竹（おおたけ）
岩国（いわくに）
南岩国（みなみいわくに）
富海（とのみ）
戸田（へた）
山陽本線
柳井港（やないみなと）
環境省提供

瀬戸大橋線
児島（こじま）
▲鷲羽山
瀬戸大橋
志度湾
五剣山
▲375
瓦町
（かわらまち）
塩屋（しおや）
房前（ふさざき）
原（はら）
高松琴平電鉄志度線
宇多津（うたづ）
丸亀（まるがめ）
讃岐塩屋（さぬきしおや）
飯野山
（讃岐富士）
▲422
多度津（たどつ）
予讃線
海岸寺（かいがんじ）
詫間（たくま）
みの
高瀬（たかせ）
比地大（ひじだい）
本山（もとやま）
観音寺（かんおんじ）
N
0　5　10km
第6章 瀬戸大橋線　児島～宇多津間
第6章 高松琴平電鉄志度線　原～塩屋間
瀬戸内海国立公園

環境省提供

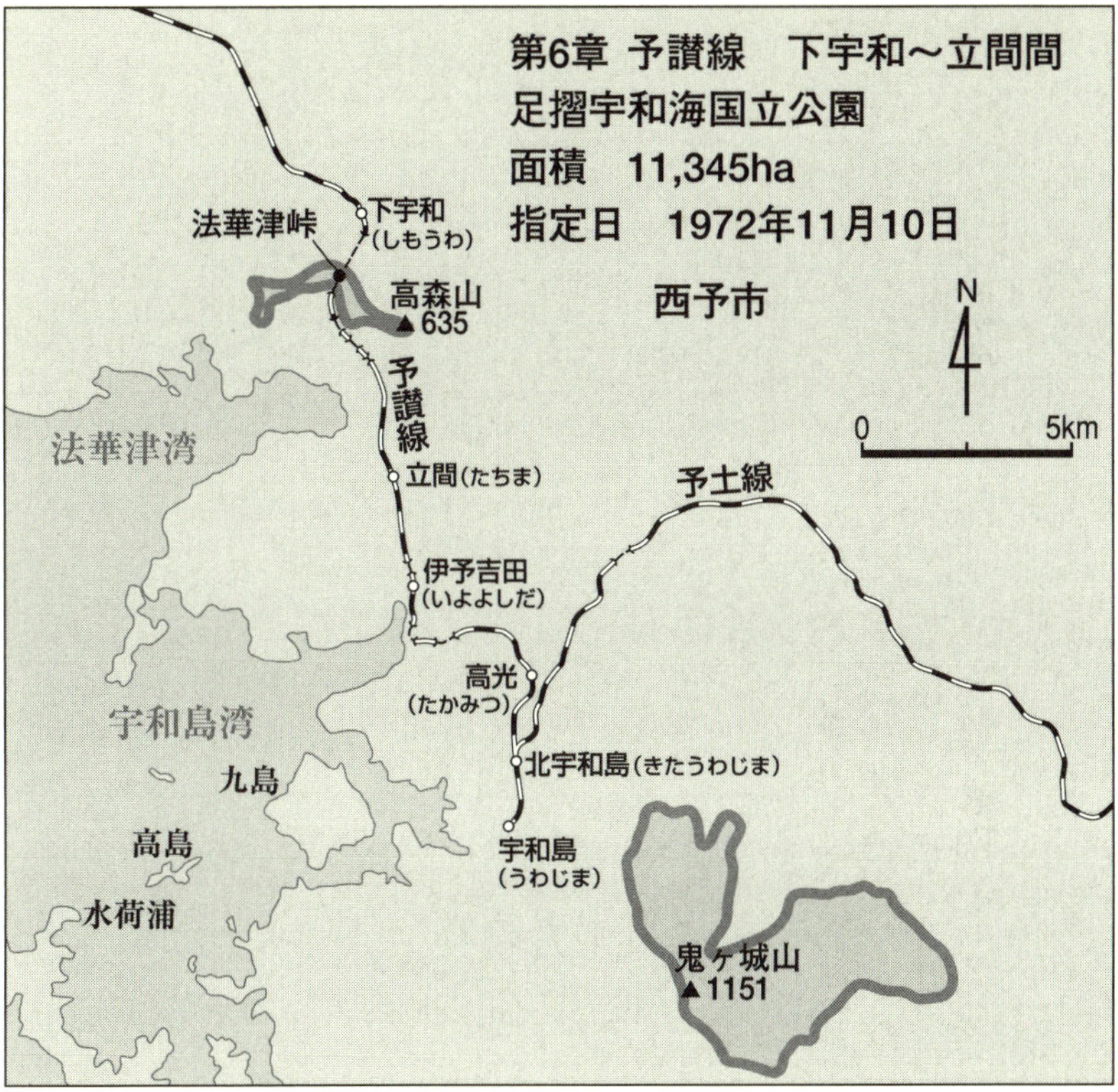
第6章 予讃線 下宇和～立間間
足摺宇和海国立公園
面積 11,345ha
指定日 1972年11月10日
西予市
N
0
5km
下宇和
（しもうわ）
法華津峠
高森山
▲635
予讃線
立間（たちま）
伊予吉田
（いよよしだ）
高光
（たかみつ）
北宇和島（きたうわじま）
宇和島
（うわじま）
予土線
鬼ヶ城山
▲1151
法華津湾
宇和島湾
九島
高島
水荷浦

第6章 風景の寄り道9 法華津峠　位置図

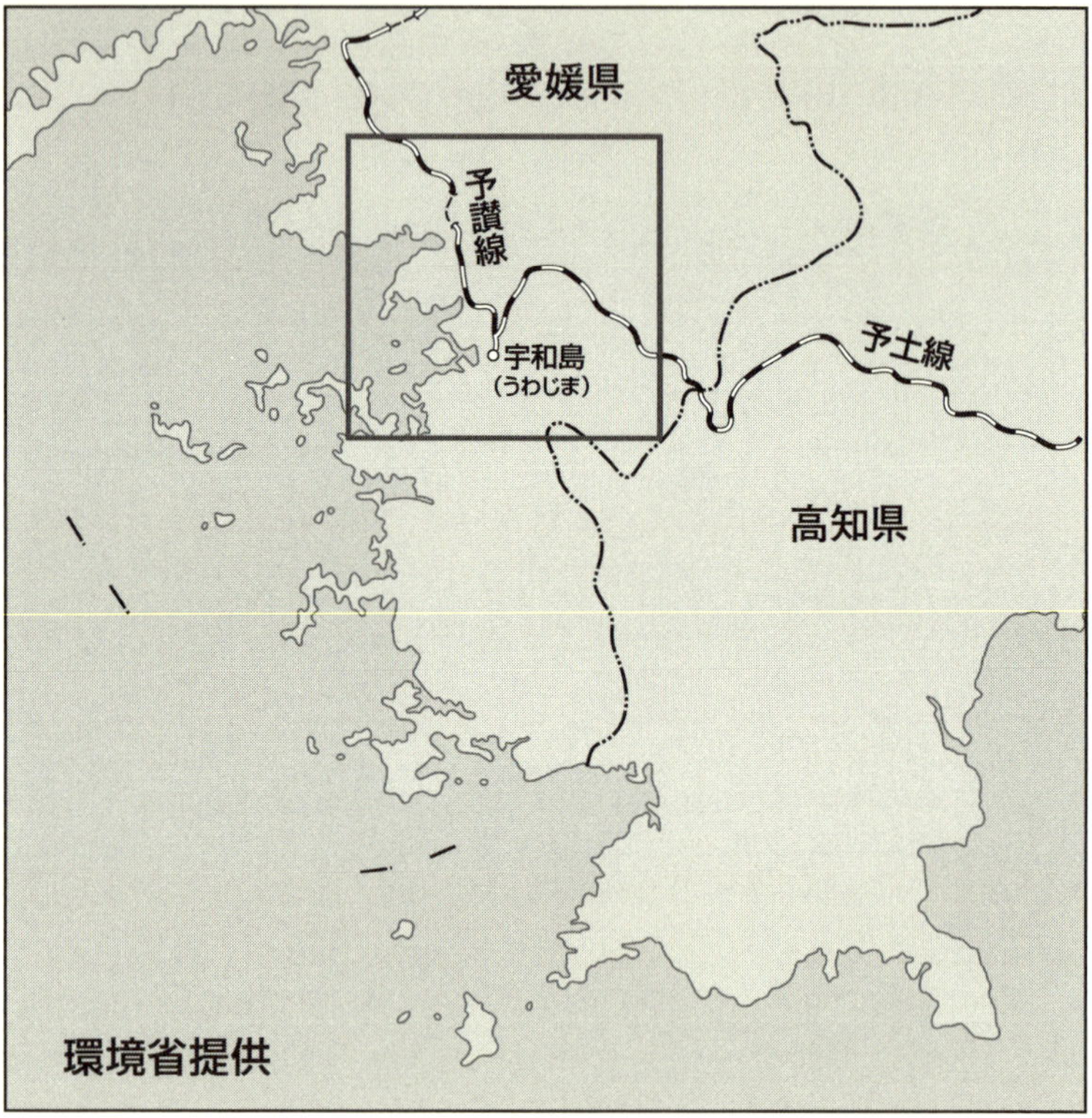

中国と四国を一つの区域として扱ったのは、この地域で国立公園エリアに入ったり、指定区域に沿って走る区間の大部分が「瀬戸内海国立公園」となることによる。但し、海域に沿って走る区間は多いが、指定区域に入る区間は予讃線・伊予三芳〜伊予桜井間の短い区間に止まっている。予讃線は微かに足摺宇和海国立公園指定区域を通過する区間もある。

呉線	三原〜竹原、吉名〜仁方、呉〜坂間	瀬戸内海国立公園
瀬戸大橋線	児島〜宇多津（坂出）間	瀬戸内海国立公園
高松琴平電鉄志度線	塩屋〜房前〜原間	瀬戸内海国立公園
予讃線	海岸寺〜詫間、伊予三芳〜伊予桜井、菊間〜大浦間	瀬戸内海国立公園
	下宇和〜立間間	足摺宇和海国立公園

この他山陰本線は鳥取県内の東浜〜福部の間で一部山陰海岸国立公園内に入る区間がある。東浜駅近くからは西脇海岸の一端を望むことができる箇所がある。また山陽本線には尾道と三原の間、及び広島と山口県の富海《とのみ》の間で断続的に瀬戸内海国立公園の「海域」沿

いを走る区間がある。特に宮島口〜玖波《くば》、南岩国〜柳井港、戸田〜富海間では海に接近する区間が長く、瀬戸内の海景色を眺めることができる。

呉線

優れた多島海眺望区間がある、三原〜竹原間　　瀬戸内海国立公園

三原を出発すると沼田川を渡る。河口両岸には帝人と三菱重工の工場が陣取っている。前方に青々とした山が近付く。瀬戸内海国立公園の陸域、優れた展望台として知られる筆影山である。とかく海へと目がいきがちな瀬戸内海国立公園であるが、照葉樹林につつまれたこの山も素晴らしい。山裾に入るあたりから瀬戸内の海が望まれる。小佐木島や佐木島の間の海峡には小さな船体に白いテントのような屋根を付けた漁船を見掛けることがある。瀬戸内海には、「家船《えぶね》」と呼ばれる船を住処とする漂泊海民の存在が知られていた。高度成長期の頃までには定住して今やそのような人々はいないのだが、漂う小型屋形船の

ような面持ちにはどことなく在りし日の残像が漂っているようにも見える。安芸幸崎《さいざき》駅に向かう途中、沖合に小さな浜を抱いた小島が見える。天然記念物・ナメクジウオの生息地・有竜島である。海砂採取の影響で近年その姿は少なくなったといわれるが、竹原の加茂川河口の干潟とともにまだ生きた化石たちの命脈は辛うじて保たれているようだ。

安芸幸崎～忠海にかけては、呉線を代表する景勝区間である。造船所のある安芸幸崎を越え国道一八五号線の下を潜ると海岸を走り始める。ここから約二キロの間が呉線きっての見せ場といってもよい。全線中最も海と接して走る箇所で、周囲に道路も人家もない山裾を走る。手前に横たわる大久野島とその後にどっしり控える大三島、左右に密集する島影は遠くに向かうにつれ淡い色合いに変化していっそう奥行きが深く感じられる。それぞれ違う形なのに絶妙に調和が保たれている。瀬戸内の島の見分け方は名山の識別より難しい。だが大久野島はすぐにそれと分かる。高い電線鉄塔が三本立っていて大変目立つのである。軍艦のようなシルエットで佇んでいるその島には重い歴史が被せられている。この海景色が展開する区間も戦前戦中は風景観賞は禁止されていた。しかのみならず、大久野島は地図から抹消されたこともある。毒ガス工場があったからである。ここで生産された毒ガス兵器は中国大陸で実戦に用いられ数多の人命を奪った。また、製造、敗戦後の処理の過程でも少なからぬ作業者が毒ガス中毒にかかり、今も後遺症に苦しんでいる人もおられるという。穏やかな景色の中には、近代日本の暗い影が潜在している。ちなみに現在の大久野島は宿泊施設も整い、七〇〇羽のうさぎが生息する島としても知られ人気の観光スポットとして生まれ変わっている。周囲四・三キロの小さな島で、水は島内で自給できず三原から船で運ばれてくる。

背後から奇岩怪石の山肌を晒した黒滝山が迫り、大久野島の入り口でもある忠海を越えると安芸長浜駅に達する。車窓に竹原火力発電所の巨大なプラントが立ちはだかる。次の大乗駅を過ぎ、竹原へ向かう途中、南側に水田が開け、海岸には集落が見える箇所がある。そこは高崎という町で中世までは瀬戸内航路の主要な港であったところだ。その頃はこの呉線の走るあたりが海岸線であったはずだ。

徐行区間から穏やかな瀬戸内の景色を味わえる、吉名～仁方間

瀬戸内海国立公園

古い町並みを残す竹原を越えると里山に分け入り吉名～安芸津間の峠をトンネルで抜け

ると谷田の彼方に海を望む。三津湾である。牡蠣の養殖筏が並び、周囲の島の背も低く平らで何処となく志摩半島の入江に似ている。西隣の安浦にある三津口湾にかけても養殖筏は見られる。呉線では制限速度が三〇キロや二五キロの徐行区間が何箇所かあり、景色の好い場所と重なることが多い。三原起点四一キロ付近も三津湾の絶好の観賞地点である。

その後呉線はやや海から遠ざかり、やがて大きな山容が近付いてくる。呉線沿線の最高峰「野呂山」である。山懐深い野呂山麓の安芸川尻を発ち仁方に近付くと浜辺近くを走る。女猫《めのこ》の瀬戸を挟んで蒲刈島が迫る。呉線沿線の風早や対岸の蒲刈は由緒ある地名である。中世、海賊の暗躍も伝えられる蒲刈と本州の間の瀬戸は、近世までの瀬戸内海主要航路の一つであり、呉線はかつての幹線と並走している。

瀬戸内海国立公園

澹淡《たんたん》とした瀬戸の潮道に寄り添う、呉～坂間

呉付近の車窓には国立公園らしからぬ人工物で溢れる。だが、海域は国立公園指定区域なのである。かつての軍港呉は、今も海上自衛隊の基地があり、その時代の雰囲気が温存されている。基地のすぐ脇を通る箇所もあり、ヘリコプターの離発着の様子が見えること

もある。呉を過ぎると大型船が停泊する港の様子が見える。吉浦からは、早瀬瀬戸（倉橋島・能美島間の海峡）へ向かって狭まる入江が見渡せる。ようやく穏やかな瀬戸内の景色に戻る。トンネルを抜けるとかるが浜に出る。この先、坂までは人工ビーチ等があるものの目前に時折山中に岩肌を露出させた江田島が迫ってきたりして、瀬戸内らしい海岸風景が続く。天応では駅近くの桟橋に「第六マイト丸」という小型フェリーのような船が係留されているのを見掛けることがある。この船は対岸の江田島にある工場との連絡用に使われている中国化薬の専用船である。この会社は化学薬品や医療品も手掛けているようだが、自衛隊やロケットの特殊火薬を生産する防衛産業的色彩が強い会社でもある。この後、列車は澹淡《たんたん》とした瀬戸の潮道を眺めつつ呉ポートピア、小屋浦、水尻、坂と進んで行く。彼方に広島の市街地が望まれる水尻駅の付近で国立公園海域と分かれ都市部へ向かう。

風景の寄り道8　野呂山　呉線　瀬戸内海国立公園

呉線の車窓からは、瀬戸内海国立公園の風景を眺めることができる。もっとも呉線は、車窓探訪とはあまり縁のない鉄道であった。その歴史は、広島と呉軍港を結ぶ軍事鉄道として一九〇三（明治三六）年、海田市〜呉間が開通した時に始まる。その後、三原方面からも段階的に鉄路が拓かれ、一九三五（昭和一〇）年に三原〜呉間が開通する。全線開通に至ると、山陽本線・三原〜海田市間にある急勾配区間回避のため、貨物列車迂回路として利用されることにもなった。いずれにしても、この路線は近代国家の実務を担って激動の時代を生き抜いてきたのである。そんな呉線であるが、近年は瀬戸内の穏やかな風景を味わえる路線としての価値も見いだされてきたようである。

車窓風景はやはり海景色が中心となる。高所から展望できる場所はない。また船からの眺望とも少々違う。海へ近付いたり、離れたり、山に迫ったり遠のいたりしながら、町や田畑をすり抜け、時に突然巨大な構造物が目の前に現れたりしつつ、瀬戸内海国立公園の景色と接して行く。ただ、残念なことは、三原〜広間の秀麗な景色が望まれる区間に通常は、ロングシートの無粋な電車しか走っていないことである。戦前戦中は瀬戸内海の軍事施設が見えないように、列車の鎧窓を上げさせられていたようだが、人間の習慣は恐ろしいもので今でもその習わしは継続しているように見える。ロングシート座席後部のブラインドがいつも閉められているのである。これでは先頭にいくか、ドア付近に立っていないかぎり海辺の景色は眺められない。土日祝日には「瀬戸内マリンビュー」という快速列車も走ってはいるが、二両編成の車両が一日一往復するだけで、あまり座席に余裕がなく、窓の大きさも今一つという感じである。それはそれなりに眺望を味わえるが、瀬戸内海国立公園は展望台の国立公園でもある。ここはやはりどこか展望のよい山へ登ってみたくもなってくる。

「筆影山」「黒滝山」「野呂山」「休山」、呉線の沿線には、多島海の展望台として名高い、四か所の瀬戸内海国立公園に属する陸の指定区域がある。呉線は、これらの国立公園陸域飛び地を繋ぐように走る。その最高峰「野呂山」には国民宿舎がある。呉線、安芸川尻駅から送迎バスも運行されており、鉄道車窓行の途中で立ち寄るには便利である。(国民宿舎で昼食をとるだけでもこのバスを利用できる)

野呂山(八三九メートル)の山上は高原状になっており数箇所の素晴らしい展望台がある。瀬戸内海国立公園の展望台のある山は概ね一三〇メートルから三〇〇メートル前後のところが多いが、ここは八〇〇メートル級の高峰である。この展望台から眺める瀬戸内海の景色は他の展望台とは様相が異なっている。まず高度が高いので空気が違う。季節だけではなく、時間による風景変化が鮮明に現れる。瀬戸内海国立公園は「陸域」と「海域」

に分けて設定されているが、「空域」というものも存在するように思われてくる。高気圧に覆われた日の夕方など、瀬戸内は完璧な夕凪となる。煙はすべて真っ直ぐ立ちあがる。淡い靄が島々の傷を覆い隠すように柔らかく包み、眺めるものを幽玄界へ誘う。朧な影たちが幾重にも姿形、色合いを変えて黄昏の空へ連なっている。島を繋ぐ海と靄の境目も薄れ、すべてなよやかに均された大気圏の底が山裾から遥かな水平線まで広がっている。瀬戸内海国立公園は多島海眺望の国立公園である。静かな秋の夕暮れなどに野呂山に登り眺望すると、そのことを実感できる。

瀬戸大橋線（本四備讃線）

低空飛行の角度から瀬戸内を望む、児島～宇多津（坂出）間

瀬戸内海国立公園

本州四国、児島坂出間の海峡を越える瀬戸大橋線（本四備讃線）は瀬戸内海国立公園指

定区域の中空を駆け抜ける。低空飛行の視点から車窓風景が望まれる。瀬戸大橋は下津井瀬戸大橋（一四四七メートル　吊り橋　海面高三一メートル）・櫃石島橋（七九二メートル　斜張橋　海面高三一メートル）・岩黒島橋（七九二メートル　斜張橋　海面高四〇メートル）・与島橋（五三八メートル　トラス橋）・北備讃瀬戸大橋（一六一一メートル　吊り橋　海面高六五メートル）・南備讃瀬戸大橋（一七二三メートル　吊り橋　海面高六五メートル）の六本の橋とそれを繋ぐ高架部からなっている。羽佐島高架橋と合わせて八七七メートル

海面から橋桁までの高さは、与島と坂出の番の州間の備讃瀬戸が国際航路になっている関係で四国へ向かうにつれ高くなる。このため風景の見え方が違ってくる。

瀬戸大橋からの車窓が他の路線と違うことは下方の見通しが利くことである。鉄路の下の瀬戸を行く船が見える。海面まで比較的近い下津井瀬戸大橋や櫃石島橋からは、櫃石島海岸際の浅い海底の岩が見える。潮流の速さも実感できる。海峡の水は存外澄んでいる。

橋梁部はトラス構造となっている関係で、坂出方向、児島方向どちらに進む場合も進行方向左側の窓辺から眺めた方が海景色を見易い。坂出に向かうときは、すでに児島から鷲羽山に向かう高架部から四国讃岐の五色台が見渡せる。鷲羽山トンネルを抜け、下津井瀬

戸大橋に達すると瞬く間に海景色に包まれる。飛び石状の櫃石島、岩黒島、与島には改変された土地と隣合わせて海辺の集落、お宮、畑など古来の風景が残されている。四国が近付くと遠景が段々浮かび上がってくる。与島に至ると東側に精練所のある直島もはっきり視認できるようになる。南北備讃瀬戸大橋からは溶岩台地・五色台を背にした番の州埋め立て地のタンク群や工業地帯が見えてくる。海峡を渡り、番の州高架橋に至ると飯野山（讃岐富士）も見える。工場やタンクなど人工物が自然景観に交わる風景が多い東側車窓に比べて、橋の西側風景を進行方向を児島に向けて眺めて行くと、牛島、本島、向島、長島、六口島と塩飽諸島の緑の島々がおおらかに続く。島の間を深い入江のような瀬戸が彼方に続く。塩飽諸島の島々は古い歴史がある。本島の高無坊《たかんぼう》山や与島のように石材が切り出された島もあり、復元活動により樹林が蘇った場所もある。近年（平成一四年八月）も本島では山火事により広範囲な被害があり、森林再生事業が行われている。

高松琴平電鉄志度線

急カーブしながら海岸を巡る区間がある、塩屋〜原間　瀬戸内海国立公園

高松琴平電鉄志度線は、塩屋〜房前《ふさざき》間で志度湾に臨む小さな岬「房前ノ鼻」にさしかかった際、急カーブ（最小曲線半径八〇メートル）しながら海岸を巡る区間がある。ここから瀬戸内海国立公園の海域に指定された志度湾を眺めることができる。房前から原の間も牡蠣の養殖筏が浮かぶ内海最奥部の縁を走る。この区間では塩屋方面に向かっては、天に迫り出すように突き出た岩山を乗せる五剣山《ごけんざん》（八栗山）が望まれる。海上彼方には、なだらかな尾根筋を重ねた小豆島が対岸を艶美に彩っている。

志度線は戦中の一九四五年、経営統合されて同じ会社となった長尾線（瓦町〜長尾間）の改軌工事に必要なレール供出を課せられ、志度線の中で旧国鉄と並走する八栗〜志度間が運休させられた歴史を持つ。戦後の一九四九年には、営業運転が再開された。この時、この海沿いの景勝区間である塩屋〜房前間の急カーブ解消のため、路線変更計画もあったという。だが用地買収の問題と早期運転再開が急務であったため在来のルートで運転が再開され現在に至っている。かくして運転士にはきついが、車窓ファンには魅力的な区間は温存された。これほど急カーブしながら海との隣接感を味わえる区間は旧国鉄路線ではみ

られない。軌道線に由来する地方私鉄路線の貴重な国立公園景勝地点である。

予讃線

渚の情緒がそのまま車内に伝わってくる、海岸寺～詫間　瀬戸内海国立公園

海岸寺～詫間で予讃線は背後に天霧山や弥谷山が控える海岸沿いを走る。津島ノ宮を始め、沖合の島々が望まれる。道路より海側を走る区間が長く海景色を満喫できる。特に海岸寺と津島ノ宮臨時駅間では渚の情緒がそのまま車内に伝わって来る。予讃線は、私鉄として発足した区間を国鉄による幹線形成活動の過程で在来線を併呑した後、民間では建設が困難な区域を新規建設する形で全通した経緯がある。そのため路線そのものが多様で併せて風景もまた多彩なのである。海岸寺～詫間の海浜景勝区間を含む多渡津～観音寺間も、山陽鉄道（高松～多度津～琴平間の讃岐鉄道は一九〇四年、山陽鉄道に買収統合された）が国有化されて七年後の一九一三（大正二）年に開通している。

今は展望地、かつては戦略的要衝の地、伊予三芳～伊予桜井間

瀬戸内海国立公園

この区間で予讃線は、瀬戸内海国立公園の陸域・世田山、笠松山から東予の海岸へかけて設定された指定区域を通り抜ける。世田山と笠松山は頂上からの瀬戸内海展望に優れているために国立公園指定区域に加えられたのだが、四国高峰の眺望も可能である。山自体も平野を仕切る城塞のような趣がある。実際中世には伊予の守りの拠点として重きを置かれた。予讃線・伊予三芳～伊予桜井間のピーク付近にある永納山トンネル上には古代の城跡がある。古来この一帯は戦略的要衝であった。その永納山トンネル出口から伊予三芳駅までの坂では、西条方向に向かって左側の窓から笹ヶ峰、瓶ヵ森の四国の雄大な山々が望まれる。山裾に広がる平地はそれらの山々から湧き出る清水の恵みを受けて発展している。

島々が重層に展開する風景と接する、菊間～大浦間

瀬戸内海国立公園

松山方面に向かって今治を発った予讃線は近見山を陸側に眺めつつ、波方半島の基部を走り抜け瀬戸内海岸に達する。伊予亀岡を過ぎると太陽石油の巨大プラント群の脇を通る。瀬戸内海国立公園の中に大工場がある。対岸の広島県野呂山からも見える。巨大構造物が、風景の中にそれなりに収まっている。やがて瓦の町として知られる菊間に達する。この後大浦付近まで海岸部の小さな岬を断続的に小トンネルで通過しながら進む。斎灘《いつき》や遥かな瀬戸の島々が重層に展開する深みのある景色である。

みかん畑の彼方に海が見える艶やかな展望区間、下宇和〜立間間
足摺宇和海国立公園

西予の宇和盆地から宇和島市へ向かう途中には、高森山（六三五メートル）から法華津《ほけっ》峠を経て野福峠に達する稜線が立ちはだかっている。この尾根筋が足摺宇和海国立公園に指定されており、予讃線はトンネルで潜り抜けることになる。法華津トンネル内も既に宇和島に向かって下り急勾配となっているが、トンネルの宇和島側には三三パーミルのさらなる急勾配が待ち構えている。トンネルから立間に向かってしばらく続く法華津峠越えの

坂は、みかん畑の彼方に法華津湾や遥かな宇和海が望まれる艶やかな展望区間である。

風景の寄り道9　法華津峠　予讃線　足摺宇和海国立公園

愛媛県西予地方の八幡浜から宇和島に向かい南へ方向を転じた予讃線は、狭い谷筋に敷かれた線路をかけ登る。急勾配が続く笠置トンネルを抜けると一転してのどかな宇和盆地に入る。卯之町のある四国山中の平坦地には田園風景が広がっている。沃野が尽きると法華津峠越えとなる。漆黒のトンネルを抜けると、青い潮が狭隘な山峡に寄せる情緒に窓辺は俄かに色めく。ミカン畑のこんもりした木々に覆われた斜面の彼方に宇和海を仕切る細長い半島が横たわっている。全国に絶景路線と呼ばれる区間は数多くあるが、こんな角度から海を感じ、なおかつ遠望が可能な地点は他には見当たらない。法華津トンネルのほぼ真上に法華津峠がある。ここは風景の寄り道をして、どれくらい車窓と見え方に違いがあるのか確かめてみたくなる地点である。

法華津峠の標高は四三六メートル。さほど高くないが山中の地勢は険しい。戦国時代には地元の豪族がこの天然の要害を盾に九州から攻め寄せた軍勢を押し返した古戦場でもある。それだけに平時に交通路とした場合には難所となる。江戸時代にはこの山道は南側の宇和島藩や支藩の吉田藩を結ぶ重要な街道となった。この両藩からは多くの偉人が現れている。みなそれぞれ違った境遇であったはずだが、この眺望と接した時は等しく故郷を意識したであろう。

法華津峠は峠を挟む下宇和駅や立間駅からは、歩いていくにはいずれも遠い。ただ宇和島からレンタカーを使えば比較的短時間でいける。宇和島周辺には見所も多い。例えば遊子水荷浦《みずがうら》のある三浦半島と併せて巡れば絶好の風景探訪となるはずだ。晴れた日を選んでこの展望台を訪ねて見た。

宇和島から国道56号線を北上、まずは立間駅を目指す。ローカルな駅のわりには近くに大きな倉庫のような建物がみられる。かつてはここから大量のみかんが貨物列車で運び出されていた。現在は宇和島市に合併された旧立間村は愛媛温州みかん発祥の地である。すべてトラック輸送に切り替えられた今は、一大鉄道出荷拠点だった時代の面影だけが残存している。ちなみにこの付近のみかん栽培は明治時代に盛んになり高度成長期の昭和四〇年代にピークを迎える。地方の風景は都会の経済状況や人々の趣向、生活水準により変えられていく。

立間駅からさらに山中を北へ進む。やがて予讃線と併走する。国道沿いの小さな溜池を過ぎると旧道の分岐点が現れる。「法華津峠入口」と記された看板もある。この先は九十九折りの道となる。途中展望が開ける場所もある。鉄路や国道がトンネル化されてからは旧道の山道を訪れる人も少なく、時折ライダーが走り抜ける程度である。狭いが整備された道をくねくね進むとやがて森に分け入り暫く登ると峠に到達する。駐車場の南東方向に展望が開ける。幕末から明治の教育者・西村清雄の「山路こえて」の歌碑が立つ。蒼潤な谷間に導かれた海の色は瀬戸内海とはひと味違う。大海への出口が近いことを予感させる。遠景を成す島々や半島が浮かび上がるように見え、幽深《ゆうしん》な大気が水平を朧にしていた。

法華津峠は核心地域からはかなり離れた飛び地であるが足摺宇和海国立公園を代表する景勝の地として指定区域に加えられた。その理由の一つは、古来街道を行き来する人々が目にした麗色の記憶を後世に伝えたかったからであろう。

コラム　国立公園鉄道の視点

鉄路の果ての景勝地・水荷浦

予讃線の車窓は激変する。歴史が積み重ねられた街々や重厚な工場地帯を繋ぐ途中、光溢れる内海を望み、天に聳える高峰に迫り、峠越えで紺碧の入江を見下ろす。目まぐるしい地形変化に応じた人の営み、濃密な関わりがそれぞれの地域色を醸し出している。続々と新しい風景に入れ替わり、時間の経過を忘れさせる車窓探訪となる。その鉄路は宇和島で終結する。その先に訪ねてみたい場所がある。宇和海を西へ細長く伸びる三浦半島の一角に佇む水荷浦である。予讃線が走る瀬戸内、宇和海地方の現在に至る風景推移を探るには相応しい場所と思われる。瀬戸内海の延長とも見られる宇和海沿岸の細長い半島や島々では昭和四〇年代までは多くの段々畑が見られた。高度経済成長期になると、若者が都会へ働きに出て、手入れが行き届かない畑は荒れ、はげ山と化した所もあった。その後放棄された畑は次第に森が復活したり、また植林もなされ、現在は緑の山々が蘇っている。その中で意図的にかっての景観の保存に取り組んでいる地区が水荷浦である。

足摺宇和海国立公園の指定区域は、海岸部に偏っている。海中景観にも配慮された国立公園ということもあるが、陸上には国立公園に値するような自然植生が僅かしか残っていなかったのだ。現在陸域に飛び地のように指定されている区域にはいずれも、そこを特徴づける希少な植物がみられる。奥地であったり地形が急峻であったりして辛うじて開発から免れたエリアである。宇和海地方で開発により自然景観が変化し始めたのは江戸時代中期であったとされている。徳川幕藩体制が確立してからは、基本的には各藩ともそれ以上領地が増えることがないため、新田開発、干拓など既存の場所の有効利用が促進された。純然たる自然は減少して行き、改変されなくても影響下に入った箇所が増大した。特に中国四国地方ではその傾向が顕著であった。宇和海沿岸地方も、人口増加に伴い食料確保のため段々畑は拓かれ続けた。ある種の新田開発である。緑したたる魚付き林も切り開かれ、むき出しの畑が天高く積み重ねられた。風景の荒廃は平和の代償ともとれる。そうした開発地の森林復帰は環境保全的観点からは望ましいことである。だが、その土地固有の歴史を顧みた時には、文化遺産として保存されるべき対象ともなる。水荷浦は平成一八年、国の「重要文化的景観」に指定された。現地を訪ねる前は、保存された段々畑は周囲の環境の中でどのように見えるのだろうか、と大変興味がもたれた。水荷浦は宇和島から直線距離は一〇キロ程だが、陸路を辿ると複雑に湾曲する津々浦々を巡るため一時間程かかる。三浦半島の先端・菰淵《こもぶち》に向かう痩せ尾根が分岐して北に向かう稜線の先端部に水荷浦がある。丁度分かれ目にあたる深浦からは、入江を挟んで水荷浦の段々畑が見える。早春にはジャガ芋の新芽が芽吹き、等高線状に区画された石垣の上に整然と緑の列が出来上がる。段々畑の真下に佇むと、急峻な石垣群が静かな入江の背後を画している壮観な景色に圧倒される。平均勾配四〇度、五〇段あまりという。きめ濃やかな土地利用の極意である。僅か五〇センチメートル程の区画でも無駄にされず、それぞれの舞台で生命の息吹が漲っている。入江の東側には冬季には冠雪した鬼ヶ城の山並みが望まれ、尾根道に出ると北側に青碧に彩られた佐田岬半島が西へ伸びている。段々畑はそうした景色の中に個性を滲ませながら馴染んでいる。かつて貧困と環境破壊の象徴とも目された段々畑は今、異形の景勝地に生まれ変わっている。

第7章　九州地方

九大本線　　　南由布駅から由布岳を望む

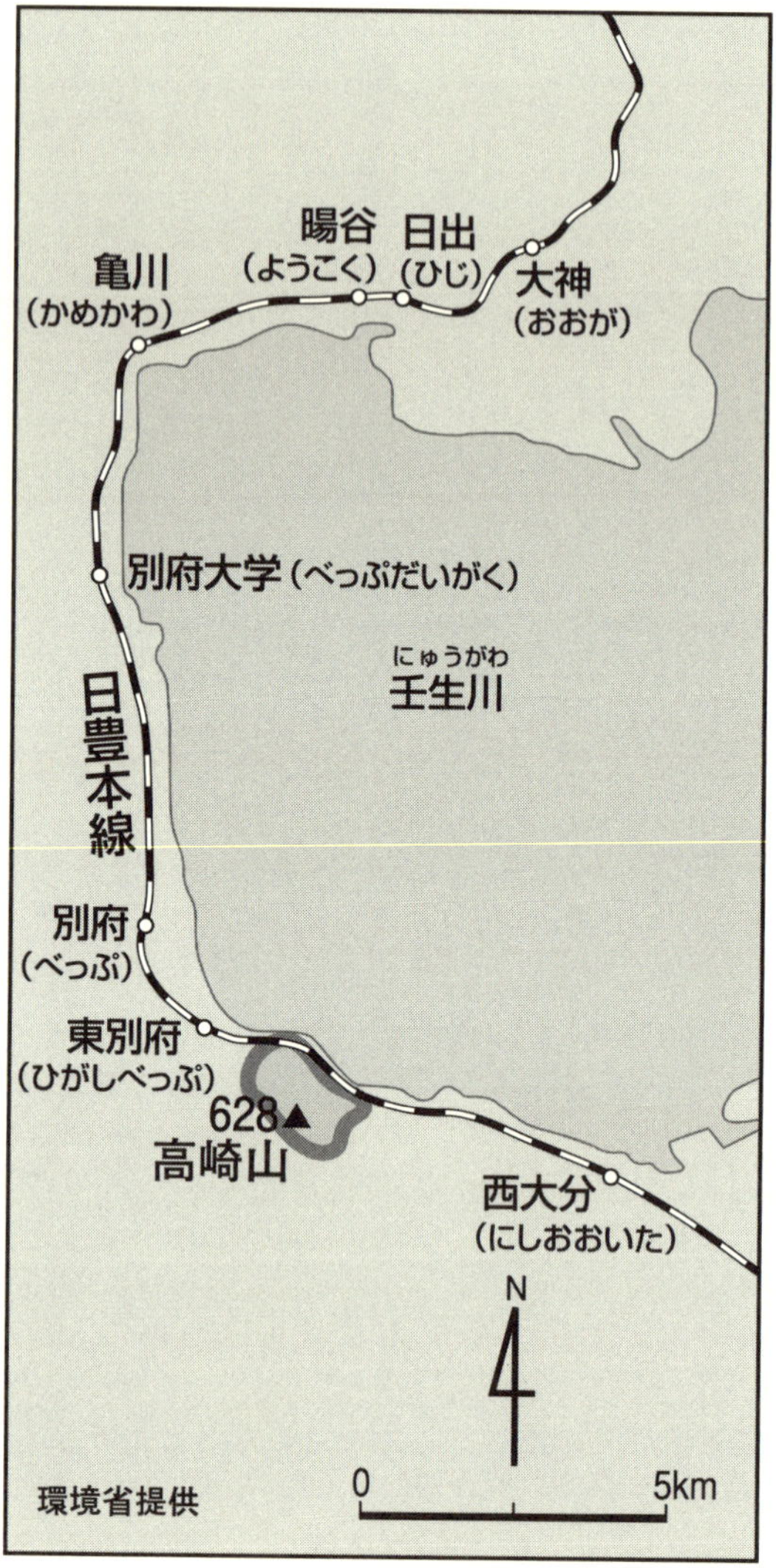

日豊線東別府〜西大分間

瀬戸内海国立公園

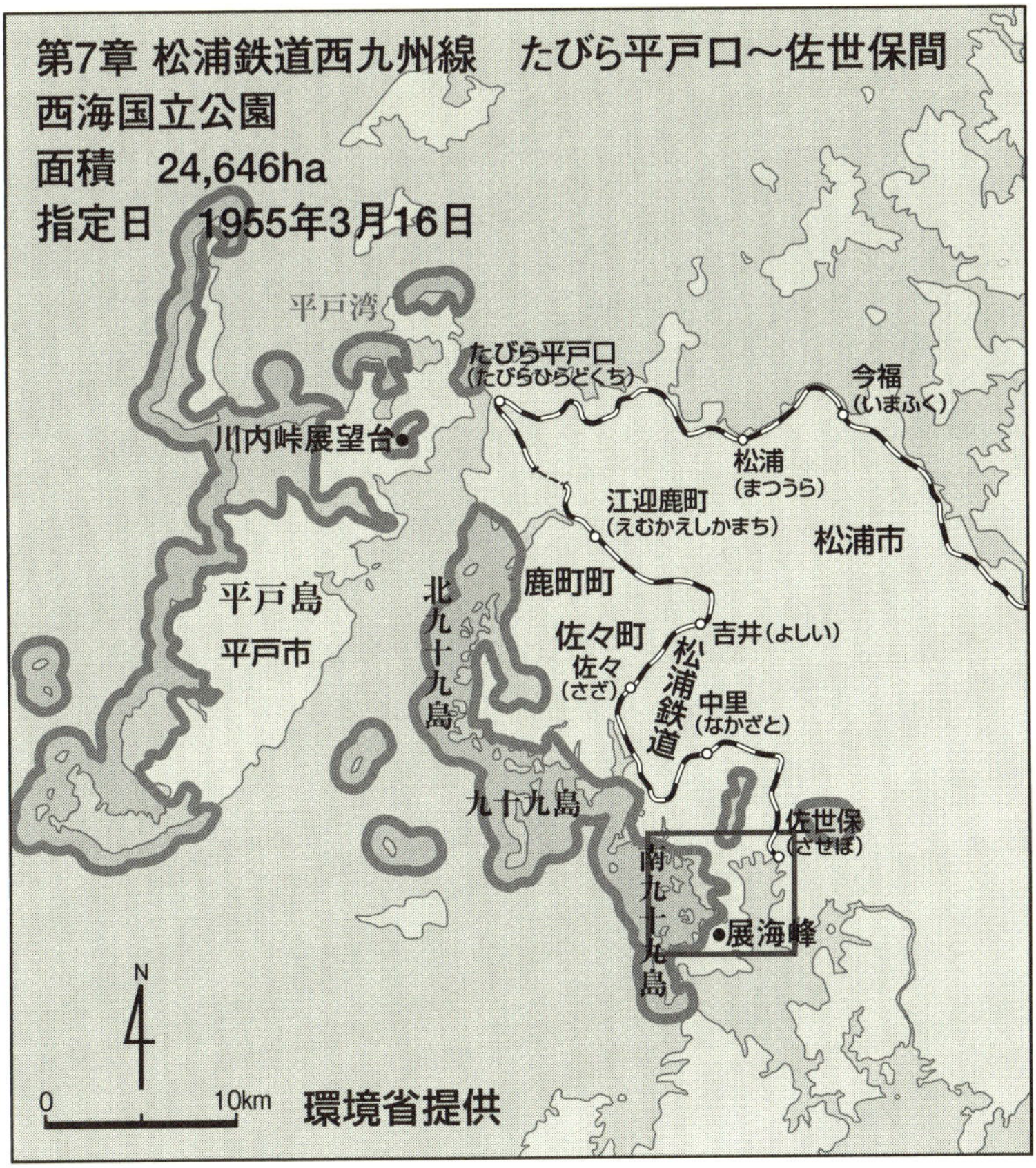

第7章 松浦鉄道西九州線　たびら平戸口〜佐世保間
西海国立公園
面積　24,646ha
指定日　1955年3月16日
平戸湾
たびら平戸口
（たびらひらどぐち）
今福
（いまふく）
川内峠展望台
松浦
（まつうら）
江迎鹿町
（えむかえしかまち）
松浦市
鹿町町
平戸島
平戸市
北九十九島
佐々町
佐々
（さざ）
吉井（よしい）
松浦鉄道
中里
（なかざと）
九十九島
佐世保
（させぼ）
南九十九島
展海峰
N
0
10km
環境省提供

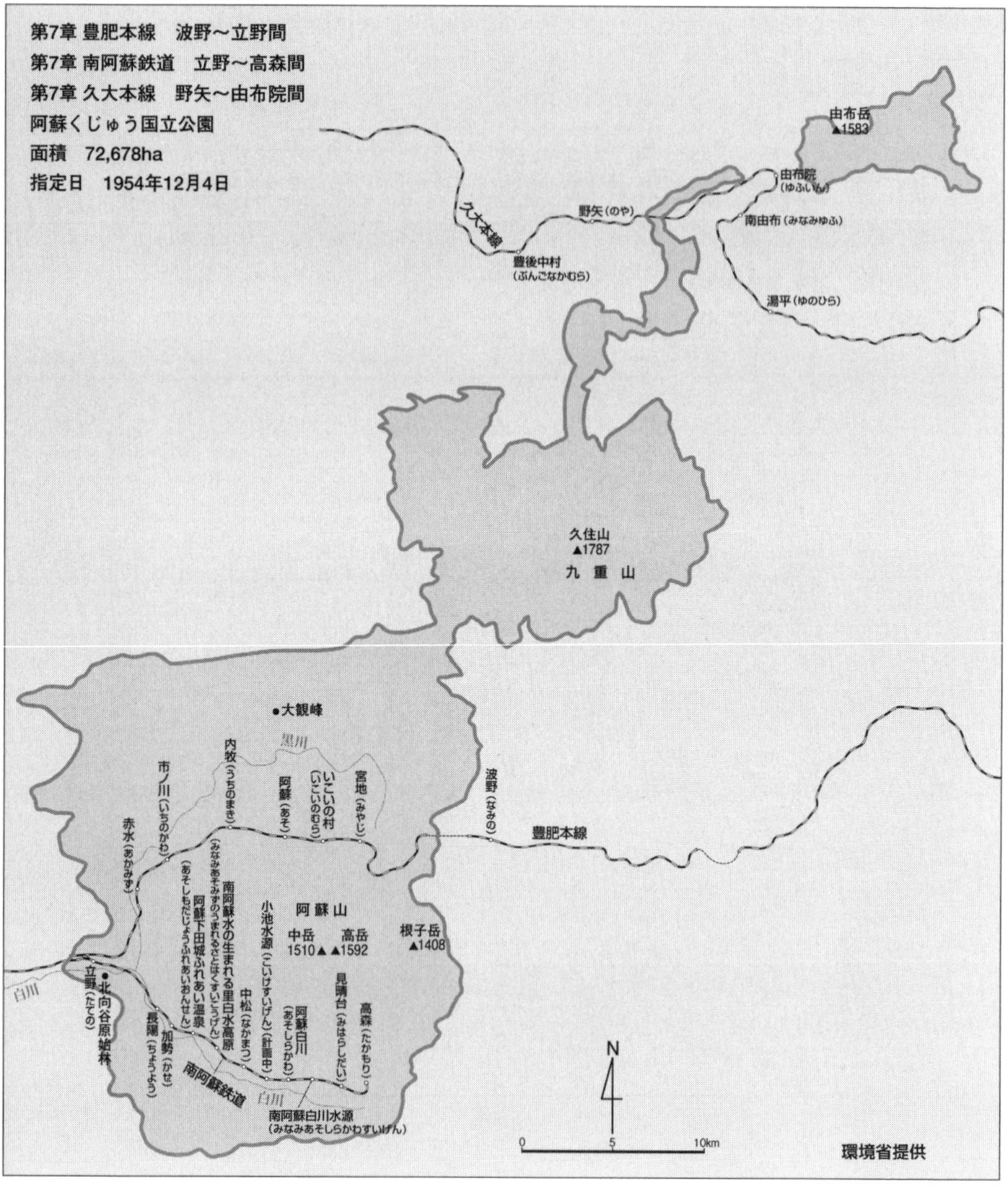
第7章 豊肥本線　波野～立野間
第7章 南阿蘇鉄道　立野～高森間
第7章 久大本線　野矢～由布院間
阿蘇くじゅう国立公園
面積　72,678ha
指定日　1954年12月4日
由布岳
▲1583
由布院（ゆふいん）
久大本線
野矢（のや）
南由布（みなみゆふ）
豊後中村（ぶんごなかむら）
湯平（ゆのひら）
久住山
▲1787
九重山
大観峰
黒川
内牧（うちのまき）
市ノ川（いちのかわ）
阿蘇（あそ）
いこいの村（いこいのむら）
宮地（みやじ）
波野（なみの）
豊肥本線
赤水（あかみず）
南阿蘇水の生まれる里白水高原（みなみあそみずのうまれるさとはくすいこうげん）
阿蘇下田城ふれあい温泉（あそしもだじょうふれあいおんせん）
小池水源（こいけすいげん）
阿蘇山
中岳
1510▲
高岳
▲1592
根子岳
▲1408
白川
立野（たての）
北向谷原始林
中松（なかまつ）（計画中）
阿蘇白川（あそしらかわ）
見晴台（みはらしだい）
高森（たかもり）
長陽（ちょうよう）
加勢（かせ）
南阿蘇鉄道
白川
南阿蘇白川水源（みなみあそしらかわすいげん）
N
0
5
10km
環境省提供

第7章 日豊本線　重富～鹿児島間
第7章 指宿枕崎線　東開聞～入野間
霧島錦江湾国立公園
面積　36,586ha
指定日　1934年3月16日
1964年　錦江湾
　　　　屋久島編入
2012年3月16日　屋久島を分割

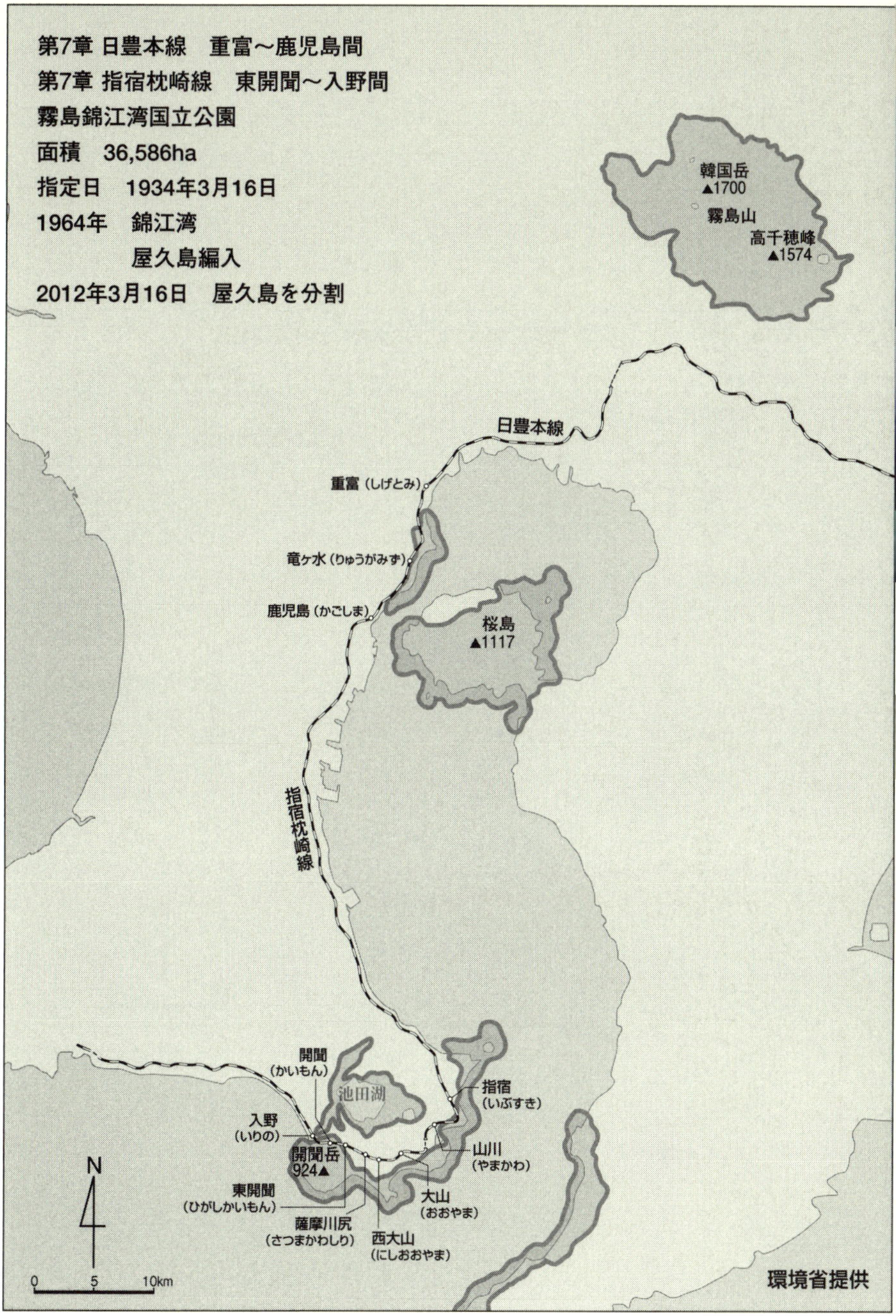

環境省提供

第7章 風景の寄り道 10 展海峰・石岳・長尾半島
西海国立公園
佐世保中央IC
佐世保中央
(させぼちゅうおう)
中佐世保
(なかさせぼ)
米軍施設
長尾半島
松浦鉄道西九州線
鹿子前町
佐世保重工
米軍基地
佐世保
(させぼ)
元ノ島
九十九島
ビジターセンター
佐世保川
西九州道路
石岳
石岳展望台
▲197
佐世保みなとIC
南九十九島
牧の島
赤崎岳
▲240
佐世保港
米軍施設
松浦島
展海峰
下船越町
N
0
1km

環境省提供

九州の鉄道は次の区間で国立公園区域内に入る。

日豊本線　東別府～西大分間　（瀬戸内海国立公園）
　　　　　重富～鹿児島間　（霧島錦江湾国立公園）
九大本線　野矢～由布院間　（阿蘇くじゅう国立公園）
豊肥本線　波野～立野間　（阿蘇くじゅう国立公園）
南阿蘇鉄道　立野～高森間　（阿蘇くじゅう国立公園）
指宿枕崎線　東開聞～入野間　（霧島錦江湾国立公園）

この他松浦鉄道西九州線はたびら平戸口付近や相浦付近で西海国立公園指定区域に接近する。

日豊本線

瀬戸内海国立公園の飛び地を走り抜ける、東別府〜西大分間

瀬戸内海国立公園

別府湾近くに聳える高崎山は姿形が美しい山だ。日豊本線は、清流が流れくだるように木々が迫るその山麓を走り抜ける。天候の好い日には、この区間から別府方面に鶴見岳や由布岳の火山群を望むことができる。海を隔てて国東半島も見える。半島の最高峰・両子《ふたご》山（七二〇メートル）も、日豊本線が山裾を走る高崎山と共に瀬戸内海国立公園の飛び地となっている。

カルデラ壁から波静かな海峡と桜島を見渡せる、重富〜鹿児島間
霧島錦江湾国立公園

重富駅と鹿児島駅の間で日豊本線は錦江湾に面した始良カルデラ壁沿いに設定された霧島錦江湾国立公園指定区域に入る区間がある。重富駅から竜ヶ水駅へ向かい、大崎ヶ鼻の岬の部分をトンネルで抜けるとやがて海峡を挟んで桜島が見渡せる景勝区間になる。

シラス台地の端が海と直面する崖は凄惨なほど急（約三五度〜四〇度の勾配）である。竜ヶ水地区もまた景勝地と災害発生地が重なっている区域である。一九九三年八月六日、集中豪雨の最中竜ヶ水駅付近で停車を余儀なくされた列車は、その後に発生した土石流により海に押し流された。この時は、乗務員の適切な判断で避難指示に従った乗客は崩落前に脱出することが出来た。災害多発地域で日々運行に携わっている運転士の危機管理能力が見事に発揮された。

竜ヶ水〜鹿児島の間で日豊本線は国道より海側を走る区間がある。桜島との距離が接近するこのあたりが最大の見どころである。桜島火山と竜ヶ水のカルデラ壁の間を覆う波静かな水面は、激しい地球変動の中で培われた両側の地形をいっそう際立たせている。

霧島錦江湾国立公園は火山フロントに沿って設定されている。そこには大きなカルデラが南北に列状に存在する。霧島付近の加久藤カルデラ、鹿児島や桜島のある姶良カルデラ、池田湖や開聞岳等の火山地形が集中する薩摩半島南東部から大隅半島南西部にかけて広がる阿多カルデラ、さらにその南の海には鬼界カルデラがある。地上に国立公園景観の土台を作り出すような大規模火山活動を起こすマグマ溜まりが九州南部地方の地下にどれくらいあるのか確たる数量は示されていない。だが、現在地殻変動が最も顕著なのがこの姶良カルデラ付近であるとされている。

九大本線

大回りしながら由布岳に近づく、野矢～由布院間　阿蘇くじゅう国立公園

九大本線の最高所にある野矢駅（五四三メートル）を出て、木々の合間をすり抜けるように走った後、分水嶺の水分峠《みずわけ》のトンネルを潜る。文字通り分水嶺になっている水分峠が

ある尾根筋は、帯状に阿蘇くじゅう国立公園の指定区域が設定されている。トンネルを出ると指定区域も抜けてしまうのだが、今や東アジア有数の観光地となった由布院の風景は見逃せない。ゴルフ場や大規模リゾート開発を阻止して独自の保養地が創造され、それが好感されている温泉地である。

九大本線には、博多駅を起点とするハイデッカー車両の特急「ゆふいんの森」が運行されている。緑色の車体に金色の帯があり、外観するだけで、移動する瀟洒な部屋から自然の風景を味わえる期待を抱かせる。実際九大本線の車窓は多彩で、期待は裏切られない。「ゆふいんの森」は日本人好みの巡礼をしながら自然美を愛でる風習に適っていると感じる。この列車は、湯布院と九大本線沿線のイメージアップに多大な貢献をしている。

水分トンネルから三つ目のトンネルを抜けると正面に嶄巌《ざんげん》と耳を二つ立てた由布岳が出現する。九大本線は由布院近くで、由布院駅を頂点にヘアピンカーブのような線形を描いている。この不思議な線形の由来については、次のような説がある。もともと北由布や南由布（由布院村が誕生するのは駅開設後の一九三六年）を通らずに湯平《ゆのひら》からほぼ真っ直ぐに分水界の向こう側の野矢まで通す予定であった。しかし、「独立自彊《じきょう》」を目指す由布の人々、とりわけ衛藤一六《えとういちろく》県会議員の熱烈な誘致活動によってルート変更され現在のような大回りになった、というものである。だが技術的にみても湯平から野矢への直線コースは実現が難しかったはずだ。水平距離は約一一キロ、標高差は二〇〇メートル程度だが、鉄道建設予定地とみられる谷間や分水嶺の地形が険しく、水分トンネルより長大なトンネルが必要と見込まれる。この区間が開通した昭和初期の蒸気機関車が牽引する列車にとっては相当きついルートとなったはずだ。鉄道建設者と地元の思惑が一致して現行のルートに収まったのではないだろうか。そこまではよいのだが、問題はコースの車窓風景である。

このループ頂点の延長線上に由布岳があるので列車の最前部か最後部に陣取っていないかぎり絶景を満喫できない。魅惑の特急「ゆふいんの森」を降りるのは忍びないが、この間の景色を味わうには、各駅停車に乗り換え、由布院駅の隣の南由布駅から眺めるのがよい。幸いこの駅では列車交換のため3〜5分程度停車することも多い。この時間を利用してホームに降りると鉄路の彼方にその山容を望むことができる。由布院という観光地の特徴は農業との共存にある。農村風景が大切にされている。地元の食材が生かされた料理が人気を博している。由布の盆地に広がる沃野とその背後に草山と並び立つ由布岳。大地の激動の末形成された火山と温和な農村が隣合わせている由布院を代表するような景観が広がっている。

豊肥本線

自然のタイムスケールと人生の尺度が混交する大カルデラ風景の中を走る、波野〜立野間　阿蘇くじゅう国立公園

豊肥本線は、二〇一六年四月一六日、熊本県の布田川断層帯を震源とするマグニチュード7・3の地震に伴う阿蘇カルデラの出口（火口瀬）付近で発生した土砂崩れの影響で不通となった。国立公園に指定された景勝区間は、ここでもまた危険な環境下に置かれている。復旧までかなりの時間を要することになるだろう。

阿蘇山のカルデラ内を通り抜ける豊肥本線は、カルデラの入口側でも険しい山道を走ることになる。大分から熊本方面に向かって阿蘇山の裾野を登ってきた豊肥本線は、九州最高所の駅・波野（七五四メートル）を越えると阿蘇カルデラ内に突入する。同時に国立公園指定区域に入る。波野〜宮地間のカルデラ壁伝いに走る区間も、災害に見舞われた難所

である。二〇一二年七月の九州北部豪雨の時は、坂の上トンネル（一二八三メートル）の崩落と谷越えの盛土崩壊が発生、復旧までの約一年間に亘って不通となった。

今を溯る九万年前に発生したとされる超巨大噴火によって形成された巨大カルデラの中には都市機能が整い、農村風景や野焼きによる草地も広がる。長大な自然のタイムスケールと人生の尺度が濃厚に混交している。多様な人文的景観が展開する阿蘇カルデラ内で、国立公園を走る鉄道に相応しい車窓風景と思われるのは次の二区間である。

一つ目は宮地～阿蘇間。ここからは噴煙をあげる中岳から、巨大噴火の時の生き残りとされる根子岳の凹凸の激しい山容が眺望できる。形の異なる火山群が農村風景の背後に続く。二つ目は市ノ川～内ノ牧間でカルデラ壁に接近する区間である。大観峰をピークとする巨大長城のような外輪山の内側は、下部が黒い人工林に覆われているが、上部は草山となり明確に様相が異なっている。カルデラ壁の強調効果がある。

赤水～立野の間の火口瀬（カルデラ壁を切って流れる川が作った谷）を走る区間は、貨物列車も運行可能な大規模なスイッチバックが現存することでも知られている。車窓風景も見るべきものがある。立野方向へ向かって左手に中央火口丘群のおおらかな山容も眺めることができる。晴れた夕暮れなど、立野に向かって左前方に照明灯に区画された細長い空間とその先に淡い色合いの朧な水辺が望まれることもある。熊本空港とその彼方に島原湾が陽炎のゆらめきのように見えているのである。国立公園風景とはいえないかも知れないが、カルデラ壁の一角が削られ展望が開ける火口瀬通過区間ならではの車窓風景である。人間と自然の関わりが密な九州の火山地帯を走る豊肥本線の車窓風景は、緊迫感と隣合わせて、穏やかに旅情を誘われる機会も多い。

南阿蘇鉄道高森線

自然林の渓谷美から阿蘇五岳の眺望へと展開していく、立野〜高森間

阿蘇くじゅう国立公園

立野駅を発ち白川の橋梁にさしかかると、白川の左岸側の「阿蘇北向谷原始林」とよばれる鬱蒼とした自然林が迫ってくる。農地や草地が多い阿蘇カルデラ内の景色の中で、別世界ともいえるほど潤いに満ちた景観である。第一白川橋梁から眺め下ろす渓谷も美しい。

水面から六二メートルもあり迫力がある。その後、戸下トンネルを抜けると高森まで南郷谷を走る。豊肥本線が走る阿蘇谷よりいっそう拓かれた野が広がる。そこは、盆地特有の冷気溜まりが出来やすい環境下にある。阿蘇五岳を望みつつ走る鉄路の沿線には伏流水が湧き出る土地柄か、名水にちなんだ駅名も多い。因みに阿蘇五岳のうち高岳、中岳、杵島《きしま》岳、烏帽子岳は中央火口丘であるが、根子岳は古い火山の生き残りで外輪山と重なっている。開析されぎざぎざとした山容が特徴的で一目で見分けられる。終点の高森駅付近からはその複雑な山容が近くに望まれる。南阿蘇鉄道も、二〇一六年四月一六日に、一連の熊本地震により、橋梁やトンネル等が被災した。厳しい経営が続く第三セクター路線であるため、復旧、存続には、完全上下分離方式の導入など、運営の枠組みを変更する必要もあるかもしれない。

指宿枕崎線

眺める方向により姿を変える開聞岳を仰ぎ見る、西大山～東開聞～入野間

霧島錦江湾国立公園

この区間では、特に九州最南端の駅・西大山駅から見た開聞岳の姿が有名である。鋭角的な円錐型の姿に思わず惹きつけられる。国立公園指定区域にはそれより枕崎よりの、東開聞～開聞～入野駅の間で入る。この区間で開聞岳の山麓を走る。遠望すると富士山をスリムにしたように見える開聞岳も実は、下部が成層火山で、上部が中央火口丘という二重構造になっている。その特徴は山の北側にあたる開聞駅付近から見た時に顕著に現れる。常緑樹に覆われた滑らかな山体の上に、溶岩ドームの名残をとどめるゴツゴツと角のある頂が冠のように被さってみえる。コニーデ（円錐火山）とトロイデ（鐘状火山）が合わさった火山ということで、トロコニーデと呼ばれることもある。

車窓北側には緑の山中に険しい崖の連なりが望まれる。阿多カルデラの西縁とされる断層崖の一角である。指宿付近は阿多カルデラ内に広がる地域であるが、阿蘇カルデラと異なり全体像は分かりにくい。この区間の車窓からはカルデラ壁の一部と中央火口丘（開聞岳）を望むことができる。

松浦鉄道西九州線

海と陸の境目が判然としなくなった入江の情景が現れる、たびら平戸口～相浦《あいのうら》間　西海国立公園

松浦鉄道は、西海国立公園のある北松浦半島地方の利便性向上の使命を帯びて第三セクター化された地域密着型路線であり、平戸、佐世保という西海国立公園の拠点を繋ぐ路線でもある。駅の増設、列車の増発により旅客実績が積み重ねられてきた。松浦鉄道は、西海国立公園発足時に掲げられた平和と地域発展の理念を底辺で支えているようにも見える。

その松浦鉄道西九州線は、全線を通して車窓風景も味わい深いものがある。国立公園指定区域からかなり離れているが、鷹島が望まれる前浜～今福駅間の玄海灘にせり出した区間は車窓展望の見せ場となっている。

一方、西海国立公園指定区域には、平戸瀬戸の近くにある九州最西端の駅・たびら平戸

口駅付近と九十九島からさらに奥まった内海にあたる相浦《あいのうら》付近で接近する。ただ、たびら平戸口から佐世保の間で最も印象に残る風景としては、末橘〜江迎鹿町駅間で一瞬現れる海景色を推したい。この区間では、江迎湾最奥部を進む。しとやかに山々が入江を囲み、河口近くの川は瀞のように澱んでいる。そんな、海と陸の境目が判然としなくなった情景が車窓に広がる。

コラム　国立公園鉄道の視点

西海国立公園発祥の地・佐世保

松浦鉄道を乗り終えて、佐世保駅から中心街に降り立った瞬間、車の騒音が酷いと感じた。市街地の真上を高速道路が走り、中央部を六車線の国道が貫通している。佐世保は今も軍港である。その機能は陸上道路網と一体化されていると実感した。この喧騒の近くに国立公園絶景地帯がある。戦後まもない時期、その有効活用を試みた人物がいる。

一九五〇（昭和二五）年、当時の中田正輔佐世保市長は「佐世保市を永久に平和港として育成する」と歴史的平和宣言を発した。この後旧軍港市転換法が適用され佐世保が軍港から商港へと転換する環境が整えられたかにみえた。中田氏は平和宣言の前年から「西海国立公園」指定に向けて並々ならぬ熱意を示していた。もともと人口三千人程の漁村が人口二五万の大都市に発展したのは明治時代、海軍の鎮守府が置かれてからである。戦後その転換が迫られた。戦争中空襲で徹底的に破壊された町を平和都市として再生させることを模索していた中田氏が着目したのが国立公園であった。佐世保は軍港であるとともに風光明媚な土地でもあったのだ。西海国立公園、そこには軍事機密のベールに覆われていた景勝地を開放して、保全とともに地域振興を図るという平和国家に相応しい理念が根底に秘められている。一九五五（昭和三〇）年三月一六日に西海国立公園は誕生した。但しそれが、直ちに観光産業などの地域振興と結び付くことにはならなかったようだ。

その後の佐世保がどのような役割を担うことになったかはご承知の通りである。朝鮮戦争勃発以来、アメリカ軍が佐世保の戦略的価値を見いだし現在に至るまで活用している。近年はその機能が強化され、軍用道路にも転換可能な高速道路が佐世保近くで整備されている。佐世保市民が米軍の存在をどうみてきたのか。それは昭和史の文脈でしばしば語られる。一九六八年一月の原子力空母「エンタープライズ」寄港反対闘争に市民の立場で参加した地元のエッセイスト・力武伊佐夫氏は「中田元市長は市の復興と発展のため苦渋の選択で米軍による軍港復活を容認した」とみる。商港と軍港が両立することは有り得ない。現在も佐世保港の八割は米軍管理水域である。基地内は治外法権であり、佐世保市はその中心港湾区域と主要海域を米軍に占拠されている状況なのである。一見商売相手のアメリカ人を歓迎しているかのようにみえる市民たちも内実は異なるという。

佐世保には港だけではなく、佐世保湾の両側には米軍の燃料タンク、弾薬庫、住宅などが点在する。高速道路出入口も米軍のため建設されたとみられるものもある。佐世保港近くを走る・通称ＳＳＫバイパスからは航空母艦のような巨大な艦船が停泊しているのが見える。それは強襲揚陸艦といわれる一種のヘリコプター搭載空母である。有事の時は佐世保の強襲揚陸艦隊が沖縄の海兵隊員を乗せて作戦を展開することもある。佐世保基地は沖縄基地問題ともリンクしている。米軍の世界戦略の中で、多くの地元の人達が翻弄される構図は、一般国民が米軍基地に無批判になるにつれ、より深刻な段階に移行している。

その佐世保軍港と半島一つ隔てた位置に西海国立公園の景勝地・九十九島はある。半島には展望台もしっかり整備されている。実に巧みに配置されている。大きな花壇が作られている場所もある。それらはほとんど佐世保市が中心となって運営している。そこには執念が感じられる。好い眺望地点を整備して観光客を誘致しよう、という生易しいものではない。中心部を米軍に占拠されている分、自らの権限が及ぶ景勝地の風景価値をパワーアップすることにより、平和都市存立の意義を訴えかけているかのようである。

風景の寄り道10　展海峰・石岳・長尾半島　松浦鉄道西九州線　西海国立公園

西海国立公園に迫る松浦鉄道を目当てに車窓行に出かけた。折角九州に来たのだからと、豊肥本線の車窓を眺めてみたくなり阿蘇へも寄った。熊本地震（二〇一六年四月）の際発生した山崩れで、豊肥本線が阿蘇火口瀬区間（赤水〜立野間）で寸断される前年のことである。麗らかな秋の日和に恵まれ、なにもかも平穏な風情に包まれていた。

JR九州の列車は人気がある。阿蘇を巡る特急は外国人観光客も多く「九州横断特急」などは様々な言葉が飛び交い、さながら国際列車の観があった。帰路、阿蘇カルデラの宮地駅から特別列車「あそぼーい！」に乗った時のことである。私が指定された座席は「1D」。1号車最後部の進行方向左窓側の席であった。そこに若い女性が座ろうとしていた。

「そこは私の席のはずですが」というと、日本語がよくわからないらしく切符をみせてきた。確認してほしい、ということのようだ。「1C」とある。「これは通路側です」と席の上の表示板を指差すと漸く納得したようだ。中華系の人のようだが何処かしとやかな感じである。中国大陸から来た人がこんなに控え目なはずはない。平然と座り続けて一悶着となったかもしれない。「どちらからこられたのですか」と簡単な英語で尋ねると「マレーシアからです」という。同じ華僑圏内の人々も、国により個人により差はある。そこで社交辞令とばかりに「クアラルンプールは美しい町で、マハティールは偉大な政治家だ」と話すと、微笑みを浮かべて「あなたもマレーシアからきたのですか」と返された。これがきっかけになっていろいろ話を聞く。彼女は鉄道ファンで鉄道旅行のために九州にやってきたのであった。「あそぼーい！」も大変気に入ったと見えて先頭の展望席から最後部まで巡り歩いて戻ってきた。「そうか、鉄道ファンって日本固有の文化ではなかったのか」と思いを新たにさせられた。「そういえばマレーシアのサバ州にはボルネオで唯一の鉄道が走っていましたね。(By the way there is the only railroad in Borneo in Sabah of Malaysia)」と共通の文化があると拙い英語も不思議に繋がる。

ＪＲ九州は演出をする。熊本駅が近付くと豊肥本線と鹿児島本線が並走する区間がある。

そこで豊肥本線を走る「あそぼーい！」と人吉からやってきた「ＳＬ人吉」を同時並走させるのである。好い風景だ。「ＳＬ人吉」の乗客もみな盛んにこちらに手を振り、機関士は誇らしげに汽笛を鳴らす。これには彼女も大喜び。盛んに喚声を上げながら写真を撮っていた。マレーシアにこんなキュートな鉄女がいるとは。新鮮な感慨を覚えた九州車窓行初日であった。

さて、ＪＲ九州の車両は全体的に質が高く、こちらはただ途中の景色を眺めていればよいのであるから楽なものである。だが国立公園車窓行となると、その先の景勝へも一歩出向いてみたくもなる。そうなると本数に限りのあるローカル線は不便なもので山歩きなど以てのほか、名所見物も極めて限られた行動を強いられる。ところが鉄道車窓行でもその国立公園の特色の一端に触れられる探訪方法がある。それが駅近辺の展望台巡りである。さらにビジターセンターが駅の近くにあれば短い時間で自然体験が可能となることもある。西海国立公園・佐世保地区はまさにその条件を兼ね備えている。展望台へは車で二〇分、ビジターセンターへは一〇分で行ける。鉄道と国立公園を結び付けた行程。これくらいの距離感なら申し分ない。鉄道の運行本数も地方路線の中では多い。そこで、鳥栖、伊万里そして松浦鉄道に乗り平戸を探訪した後この行程の終盤は九十九島の展望台を巡り、西海国立公園ビジターセンターと対岸にある保全区域・長尾半島の散策に出向くことにした。

絶好の好天となった。まずは今や九十九島の展望名所としての地位を確立した「展海峰」（一六六メートル）を訪ねた。階段を登ると清秋の空の下、重厚な翠影に包まれた島々が蒼い海の間に澹淡《たんたん》と浮かび現れた。聞きしに優る展望である。島々は手付かずの自然に近い。日本人の魂の中にはこのような風景を好む遺伝子が継承されているのではないだろうか。背後にはドックやビル群が立ち並ぶ佐世保市街地が見える。遠景に、遥か平戸まで望まれた。海中に連なる山脈のように見える。古来海を行き来する民の格好な目標となったことがわかる。次は石岳（一九七メートル）に移動する。こちらは山道を少し歩くことになる。石岳展望台は山頂にある。視点が変わり、全方角が見渡せる。夕日の名所でもあるが、白日の下に晒されても殆ど欠点がみられない。この後、海に迫る船越展望台を経て西海国立公園ビジターセンターへ向かった。

ビジターセンターが置かれているのは、佐世保市の第三セクター・パールシーにより運営されている観光拠点である。ここから九十九島巡りの遊覧船が発着する。敷地内には水族館もある。開発型施設というわけでもなく、対岸の小半島・長尾半島は保全され、散策路と展望台だけが設定されている。私は予めビジターセンターの職員に長尾半島のガイドウォークを申し込んでおいた。体験型自然探訪プログラムの一つである。普段鉄道ばかり乗っているものには是非とも参加してみたいコースであった。二人の女性学芸員が同行してくれた。

長尾半島はみるべき風景に溢れていた。辺りは小さな湾と岬が交錯する溺れ谷地形なのだが、堤防などのコンクリート工作物がまず見当たらない。人家もない。佐世保の市街地に隣接するところにこれほどの自然地帯が温存されていたとは。これも厳しい立ち入り制限がなされた軍港周辺地域ならではの事情のようだ。戦後は国立公園として保全されている。西海国立公園は、外洋性多島海景観が評価され、佐世保から平戸にかけて点在する多島海と平戸、五島列島が指定された。だが決め手となったのは、佐世保の九十九島のように、軍港と隣合わせて存在していた知られざる景勝地の価値が認められたことが大きい。長尾半島もまた、軍事ゾーンの一角に秘匿されてきたのだ。

道々九十九島の自然についての様々な解説を受けた。その時感じたこと、それは私と全く違った視点で自然を見つめていることである。鉄道ファンの悪癖とでも言おうか、当方はついつい「天変地異と鉄道被災」とか「開発と自然」という視点から、大上段に構えて自然と相対する。だが、彼女たちはまず身近な、すぐ目の前にある木々、昆虫、土壌といった対象からその向うにある宇宙、自然界の法則を探ろうと試みる。職員の一人がカマキリを捕獲した。カマキリそのものではなく、その中にいる虫が目的という。それはハリガネムシという恐ろしい寄生虫である。体内でカマキリの脳を刺激して水辺に向かわせ水死させてしまうらしい。魚が水没したカマキリを食べる。そうすることで水生昆虫が減らず絶妙なバランスが保たれ生態系が維持されている、という説（神戸大学・佐藤拓哉准教授が提唱する群集生態学）を教えてもらった。ふりむけば、展望台近くに移植されたトビカズラが蔓を棚に延ばして陽射しを浴びていた。背景は眩い。常緑広葉樹林群の濃密な色合い、それらを投影させた常磐色の輝きに満たされた濃やかな入江、そんな九十九島の原初の姿が織り成す情景が小春の西海にきらめいていた。

おわりに―そして、新しいスタートに向けて―

通勤列車にしても、新幹線にしても車窓風景に夢中になっている人を見掛けることは非常に稀です。一方観光展望列車とか、トロッコ列車など、公認された景勝列車はなかなか人気があります。このような事情から、「ここが絶景ですよ」と品質保証されたところだけを見て楽しむ風潮が加速しているのではないか、という偏見を持っていました。

しかし、それはどうやら間違いと気付きました。と、いいますのは在来線でも、例えば山陰本線や日豊本線、あるいは三陸鉄道に乗っている時、あきらかに乗ることだけを目的として、よい風景地点を求めて乗車されている方々を見掛けたからです。心強いかぎりです。そして、自然美が車窓に迫る絶景地点は国立公園指定区域を駆け抜けたり接近したりする地点に多いのです。

ならばと、そんなコアな車窓探訪者の方々に向け「このような視点もありますぞ」ということを提案してみたい気持ちになり、この本を纏めることになりました。本書は「指南書」などという大それたものではありません。しかし「鉄道と国立公園」というテーマを据え、開発、保全、自然災害の要素を交えた車窓風景探索は寡聞にして他に知らず、ということで「世界初の試みを手掛けている」という自負もなきにしもあらずです。

わが国で初めて新橋～横浜間に鉄道が開業した年は明治五年、西暦でいいますと一八七二年になります。奇しくもアメリカはロッキー山脈の一角・イエローストーンに於いて世界で初めて國立公園が誕生した年にあたります。日本初の国立公園が登場するのはそれから六二年後の一九三四（昭和九）年となります。この間、国土の結合、開発あるいは有事の兵員輸送のため、全国に多くの鉄道が敷設されました。一九〇六（明治三九）年には鉄道国有法が公布され、主要幹線が国有化され鉄道の統一的運用が図られるようになります。鉄道網の普及は日本の風景美を多くの人に知らせる効果も生みました。それがやがて新たな国立公園誕生にも繋がることになります。鉄道と国立公園、お互い相反する役割を背負って近代に登場した存在でありながら、存外相性がよいところもあります。

さて、二〇一〇年代の現在、国立公園を走る鉄道は転換期にさしかかっているといってよい状況下にあります。これから人口減少、高齢化が進み、中でも地方の人口減少は急激に進行することが予想されています。もともと自然災害多発国です。地方鉄道は廃線の危機に瀕する路線が増加していくものと思われます。五〇年後に、どれほどの地方路線が存続しているのだろうか、と想像するとなんとも心許無くなります。

一方国立公園にも変化の兆しがあります。財政難のおりから、民営化の手法が導入され、相応の負担ができる人だけが利用できる時代に移行することも考えられます。近代の遺産としての鉄道が残存していて、国民だれしもが等しく国立公園に入ることができる最後の時代となるかもしれません。

鉄道車窓ファンの皆様、是非この時代の証人となって下さい。そして刻一刻と変わる風景を記憶に止めて頂きたい。そのささやかなお手伝いができれば、この本は成功ということになります。

それでは、これから車窓ファンの皆様におかれましてはいっそうの新たな風景発見に繋がりますことを切に願いつつ、この項を終了したいと存じます。

主要参考文献一覧

第1章　『火山考古学』　新井房夫編　古今書院　一九九三年
7（近世の北海道を襲った火山噴火　徳井由美著）
『アイヌ史のすすめ』　平山裕人　北海道出版センター　二〇〇二年
『北海道の夜明け　常紋トンネルを掘る』　小池喜孝　国土社　一九八二年
『太田龍太郎の生涯』　笹川良江編　北海道出版センター　二〇〇四年

第2章　『海が呑む　3・11東日本大震災までの日本の津波の記憶』　花輪莞爾　晶文社　二〇一二年
『ケセン語の世界』　山浦玄嗣　明治書院　二〇〇七年
『街道の日本史』5（三陸海岸と浜街道）　吉川弘文館　二〇〇四年
『一揆の奔流　南部三閉伊一揆の民間伝承』　佐々木京一　民衆社　一九八四年
『松林が命を守る　高田松原再生を願う』　遠山益　第三文明社　二〇一三年
『線路はつながった　三陸鉄道復興の始発駅』　冨手淳　新潮社　二〇一四年
『三陸鉄道開業25周年記念出版』　盛岡タイムス社　二〇〇九年
『三陸海岸大津波』　吉村昭　中央公論社　一九八四年
『日本の大自然27　陸中海岸国立公園』　森田敏隆　毎日新聞社　一九九五年

第3章

『箱根登山鉄道125年のあゆみ　天下の険に挑む日本屈指の山岳鉄道』　生方良雄　JTBパブリッシング　二〇一三年
『人づくり風土記9　全国伝承江戸時代　ふるさとの人と知恵　栃木』　加藤秀俊／ほか編纂　農林漁村文化協会　一九八九年
『東京の水源林』　堀越弘司　けやき出版　一九九六年
『多摩の草屋』　川井玉堂　美術年鑑社　一九九六年
『伊豆急50年のあゆみ　半世紀の記憶と記録』　伊豆急行研究会編　JTBパブリッシング　二〇一二年
『奥多摩歴史物語』　安藤清一　百水社　一九九三年
『鉄道がつくった日本の近代』　高階秀爾　芳賀徹　老川慶喜　高木博志　編・著　成山堂書店　二〇一四年

第4章

『ダムと鉄道　一大事業の裏側にいつも列車が走っていた』　武田元秀　交通新聞新書　二〇一一年
『国立公園成立史の研究　開発と自然保護の確執を中心に』　村串仁三郎　法政大学出版局　二〇一二年
『黒部渓谷』　冠松次郎　平凡社　一九九六年

『茶の本』 岡倉天心 千宗室 浅野晃訳 講談社インターナショナル 一九九八年
『妙高火山は噴火するか』 早津賢二 新潟日報事業社 二〇一二年
『たてはく50号』（むかしあったとぉ〜②芦峅寺駅） 立山博物館 二〇〇四年
『信越線の百年 軽井沢―直江津開通100年／碓氷線開通95年記念』 信濃路出版 一九八七年
『妙高山・高谷池ヒュッテ通信』 簗田博 山と渓谷社 一九九六年
『立山・黒部未来への道「21世紀の贈物」環境と観光の共存』 北日本新聞社編集局社会部取材班／編 北日本新聞社 二〇〇三年
『中部ライン全線・全駅 第七巻 富山・糸魚川・黒部エリア』 川島令三／編著 講談社 二〇一〇年

第5章

『災害復興の日本史』 安田正彦 吉川弘文館 二〇一三年
『森と近代日本を動かした男』 田中淳夫 洋泉社 二〇一二年
『太地町史』 太地町 一九七九年
『元禄の鯨』 濱光治 南風社 一九九三年
『熊野古道』 小山靖憲 岩波書店 二〇〇〇年

第6章

『瀬戸内海の発見』 西田正憲 中央公論新社 一九九三年

『瀬戸内海論』　小西和　文金堂書店　一九一一年
『瀬戸内の被差別部落』　沖浦和光　解放出版社　二〇〇三年
『イラストで見る瀬戸大橋』　森忠次・山田善一／文　金沢活／イラスト　山陽新聞社　一九八三年
『琴電―古典電車の楽園』　後藤洋志　ＪＴＢ　二〇〇三年
『宇和島をゆく』　アトラス出版　二〇〇九年
『国立公園』　国立公園協会　６１５号二〇〇三年　６３１号　二〇〇五年
『由布院の小さな奇跡』　木谷文弘　新潮社　二〇〇四年
『日本の火山3　九州・南西諸島及び付編』　村山磐　大明堂　一九七九年
『歴史を変えた火山噴火（世界史の鏡）自然災害の環境史』　石弘之　刀水書房　二〇一二年

第7章

『死都日本』　石黒耀　講談社　二〇〇二年
『佐世保　基地の一形態』　岩波書店編集部編集　岩波書店　一九八七年
『市民運動の出発　佐世保１９６８・１・１９』　佐世保19日市民の会／編　一九六九年

著者プロフィール　山形誠司

1958年　東京都出身　その後埼玉県大宮市（現さいたま市）に転居。

大学で地理学を専攻した後、環境アセスメントの仕事を経て、現在は都内で設備関連の仕事に従事。

美しい風景を発見することに拘りがあり、鉄道車窓探訪とともに、かつては空中からの風景鑑賞に没頭した時期もあった。（パラグライダーとモーターパラグライダーのＰ証所持）

東京文芸倶楽部在籍中、庶民目線から描いたコラムを連載。2000年代初めに、消費に依拠した中流意識からの脱却を提唱した。現在同人誌「都民文芸」にて低層コラム「小市民感覚」を手掛けており、反響のあったコンテクストを新聞、雑誌へ投稿している。

著書に「国立公園鉄道一〇一景」（2013年日本文学館）

国立公園鉄道の探索

平成28年9月15日　第1刷発行

著　者　山《やま》形《がた》誠《せい》司《じ》

発行者　石澤三郎

発行所　株式会社　栄光出版社

〒140-0002 東京都品川区東品川1の37の5

電話　03（3471）1235

FAX　03（3471）1237

検印省略

印刷・製本　モリモト印刷㈱

ISBN 978-4-7541-0157-2